WEIHNACHTS BACKEREI
Mit Lust und Liebe kochen

4 Weihnachtsbäckerei

Zartes Gebäck: Süßes Zeichen der Zuneigung

Adventszeit ist Backzeit für feine Plätzchen, für zartes Gebäck. Durch alle Zimmer zieht der Duft von Zimt, Nelken und Piment, ein Hauch von Rum in der Küche macht uns neugierig. Wir denken an die Kinderzeit, ans Teigstibitzen, ans ungelenke Formen der ersten Butterplätzchen. Backzeit ist Zeit für gemeinsames Tun. Alle sind fröhlich und guter Laune, wir erfreuen uns am Selbermachen, am eigenen Gestalten.

Wir haben uns Zeit genommen, obwohl wir eigentlich keine haben. Zeit zum Kneten, zum Teigausrollen, zum Backen, Glasieren, Dekorieren. Wir haben ja das ganze Jahr hindurch immer viel Wichtigeres zu tun, als Mandeln zu mahlen und Mehl zu sieben. Aber das Wichtigste fällt uns beim Backen einfach so in den Schoß: ein bisschen Glück, ein Backblech voll Freude und Individualität, das Gefühl von Zufriedenheit über das gute Gelingen, über das duftende eigene Produkt, das wir aus dem warmen Backofen ziehen und natürlich sofort probieren.

Das feine Gebäck, das man beim Patissier oder Bäcker kauft, schmeckt zwar trefflich, aber es ist ein Produkt, das sich jeder beschaffen kann. Dagegen ist das, was wir vielleicht sogar selbst erfunden oder nach einem alten Familienrezept geschaffen haben, das Eigene. Es enthält viel mehr als nur gute Zutaten, darin ist immer ein Quentchen von uns selbst hineingeknetet und -gebacken.

Wir verspielen unsere kostbare Zeit mit Schnee schlagen, mit dem Schneiden von zuckrigem Zitronat und gewinnen dabei eine Entdeckungsreise in Großmutters Back- und Gewürzparadies. Das ist die Hingabe an Unwichtiges, wie's in der guten alten Zeit die Mütter taten. Wir gewinnen ein neues Gespür für natürliche Zutaten, für das Kernigfeste der Haselnüsse und Mandeln, für den aufsteigenden mandelmilden Duft beim eigenhändigen Mahlen, für die angenehme Würze von Kardamom, für die Aromen von Anis und Fenchel.

Wir entdecken aufs Neue die Geschicklichkeit der eigenen Hände beim Formen von Teig, beim spielerischen Umgang mit Spritztütchen und Pinsel. Backen ist schöpferisches Tun für aktive Menschen, die nicht eben Jahr für Jahr zu bestimmten Zeiten auf das Reizwort Geburtstag, Adventszeit oder Weihnachten nur reagieren und etwas Herkömmliches tun. Aktives Tun inspiriert immer neu, belebt Traditionen und entzündet sich von neuem beim spielerischen Ausprobieren alter und neuer Rezepte, an der Kennerschaft der Zunge, die immer feinere Unterschiede wahrnimmt.

Das besondere Gebäck entsteht aus Zuneigung für Familie und Freunde, die wir schließlich mit dem duftenden Produkt unserer Fantasie beglücken, denen wir als Zeichen unserer Liebe das kostbarste Gut schenken, über das wir verfügen können: unsere Zeit, eingebacken in Zimtsterne, Bärentatzen, Springerle und Spitzbuben. Die Zuneigung erfindet immer neue Möglichkeiten, Freude und Sympathie spüren zu lassen, erfindet immer neue Spielarten eines alten Themas, weil sie beglücken und überraschen will.

Deshalb wollen diese Rezepte nur Anregungen sein, die jeder auf seine Weise und nach seinem Können variieren mag, wie es ihm Freude macht, bis er sich mit „seinem" Rezept vollendet ausdrücken kann. Lassen Sie sich von Bildern, Namen, von fremden und vertrauten Gewürzen verführen zu aktivem Tun, zum Ausprobieren. Erlaubt ist, was Freude macht.

6 Weihnachtsbäckerei

Süßer Zauber der alten Welt

Keine Vorstellung vom Paradies kommt ohne das Wort „süß" aus. Auch in den profanen Paradiesen, den Schlaraffenländern, spielt Süßes eine gewichtige Rolle.

Im Psalm 19, Vers 11, heißt es als besonderes Zeichen der Wertschätzung: „Sie sind süßer als Honig und Honigseim". Welch tiefes Wohlgefühl muss uns, oft tief verborgen in der Psyche Grund, Süße vermitteln! Wir empfinden sie wie das Salz als Würze des Lebens. Beide Grundgewürze mögen und schätzen wir Menschen seit Jahrtausenden. Das Süße jedoch schmecken wir schon an der Zungenspitze, das Salzige erst viel weiter hinten.

Und immer liegt bei allen Süßigkeiten, die wir auch für andere zubereiten, der Wertbegriff „gut" greifbar nahe. Im Süddeutschen heißt süßes Gebäck „Guetsle", im französischen „Bonbon" taucht das Wort „gut" sogar gleich als Verdopplung auf.

Im Gebäck und seinen vielfältigen Formen sind uralte Vorstellungen von Opfergaben und Opfertieren bis heute sichtbar. In Gebäckformen wie Sonne, Mond und Sternen werden die den Gestirnen innewohnenden Kräfte verbildlicht, wird ihre mystische Bedeutung gewissermaßen in Form gegossen.

Viele dieser Vorstellungen kamen auf den frühen Handelswegen der Alten Welt aus China, Arabien und dem Orient zu uns. Dort lebt ja auch heute noch die reiche Tradition des süßen Gebäcks. Auf den gleichen Wegen erreichten uns über den Welthandelsplatz Venedig auch die uns einst fremden Düfte exotischer Gewürze, ohne die heutzutage Backen undenkbar wäre. Im Mittelalter hat man sie mit Gold aufgewogen, weil ihnen starke Heilkräfte innewohnten, deren Kenntnis von den Klöstern übermittelt wurde. In diesen Keimzellen abendländischer Kultur wurden auch die alten heidnischen Gebildbrotformen christianisiert, von dort aus fanden Pfefferkuchen, Lebkuchen, Brezelformen und Gewürzgebäck den Weg in Höfe und Haushalte. Obwohl wir viele der alten Bedeutungen nicht mehr kennen, haftet allem Gebäck und Gebildbrot auch in unserer aufgeklärten, modernen Welt noch ein geheimnisvoller Zauber und heilsamer Würzduft an.

Gute Zutaten garantieren gutes Gebäck

Alles, was wir backen, kann immer nur so gut sein wie die Zutaten, die wir verwenden. Das bedeutet also, dass für zartes Gebäck beste Zutaten nötig sind. Eine einzige, nicht erstklassige Zutat stellt das Ergebnis unserer ganzen Arbeit in Frage. Mit qualitativ hochwertigen Backzutaten wird dann aus bloßen Backwaren delikates, zartes Gebäck, so macht die Mühe des Backens mehr Freude. Außerdem ziehen wir einige wenige sehr leckere Plätzchen einem großen Berg durchschnittlichem Gebäck sicherlich vor. Schließlich kommt dieses Prinzip des „Wenig, dann aber auch wirklich gut" auch der Linie zugute.

Grundsätzlich empfiehlt es sich, alle Zutaten vor dem Backen zusammenzustellen, abzuwiegen und – falls im Rezept nicht anders vermerkt – Zimmertemperatur annehmen zu lassen. Das erspart unnötiges Suchen und erlaubt zügiges Arbeiten. Wir raten auch, alle Geräte bereitzustellen, die Bleche vor der Teigzubereitung einzufetten und den Backofen rechtzeitig vorzuheizen, damit er bereits die richtige Backtemperatur hat, wenn die Vorbereitungen so weit gediehen sind. So können die Plätzchen sofort nach der Fertigstellung in den Ofen geschoben werden, es sei denn, sie benötigen eine Ruhe- oder Trockenzeit.

BUTTER

Wir bevorzugen als Backfett gute Butter. Sie verleiht unserem Gebäck Zartheit und das typische feine Aroma. Mit Butter schmecken Plätzchen einfach unvergleichlich gut. Für Mürbteige muss die Butter kühl und fest sein, damit der Teig nicht klebt. Ansonsten lässt sich Butter am besten verarbeiten, wenn sie Zimmertemperatur hat.

EIER

Die Mengenangaben in unseren Rezepten beziehen sich auf Eier der Gewichtsklasse 3, die 60 – 65 Gramm wiegen. Werden größere oder kleinere Eier verwendet, muss die Flüssigkeitsmenge angepasst werden. Oft werden Eigelb und Eiweiß getrennt verarbeitet. Beim Trennen kann man feststellen, ob das Ei frisch ist. Dabei sollte der Dotter fest, hoch gewölbt, von einer dick- und einer dünnflüssigen Eiweißschicht umgeben sein. Ältere Eier haben flache Dotter, das Eiweiß läuft auseinander. Es lohnt sich immer, zum Plätzchenbacken ganz frische Eier zu verwenden. Sie lassen sich besser trennen, das Eiweiß ergibt einen festeren Schnee, so wird das Gebäck lockerer. Besonders frische Eier erkennt man im Handel an einer Packungsbanderole mit der Aufschrift „extra".

HASEL- UND WALNÜSSE

„… Nuss- und Mandelkern, mögen alle Kinder gern." Nüsse, Kerne und Mandeln gehören seit alters her zum Backen. Sie verleihen Gebäcken nicht nur eine besondere Geschmacksnote, sondern stecken auch voller hochwertiger Nährstoffe. Haselnüsse kauft man am besten als geschälte Kerne und hackt, mahlt oder reibt sie selber. Schon zerkleinerte Nüsse verlieren schneller ihr Aroma und werden ranzig.

Rösten in trockener Hitze verstärkt den Nußgeschmack. Nach zehnminütigem Rösten bei 200– 225 °C, Gas Stufe 3–4, lässt sich die braune Haut der Haselnüsse problemlos durch Reiben zwischen zwei Tüchern oder Schütteln in einem Metallsieb entfernen.

Bei Walnüssen lohnt die Mühe des Schälens, denn die bereits geschält gekauften Hälften oder Stücke werden leicht ranzig. Walnusshälften ergeben wunderschöne Garnituren, deshalb vor dem Mahlen oder Hacken einige intakte Exemplare aussortieren.

HEFE

Frische Hefe ist ein natürliches und noch lebendiges Backtriebmittel. Die Hefepilze gären und bilden dabei Kohlensäure, die den Teig auftreibt und lockert. Je fri-

8 Weihnachtsbäckerei

scher die Hefe, desto sicherer ist der Backerfolg. Frisch fühlt sich die Hefe geschmeidig an, sie ist hell, hat keine Risse und bricht in muschelartige Stücke. Ausgetrocknete und überlagerte Hefe hat ihre Triebkraft weitgehend verloren. Trockenhefe hingegen ist eine haltbar gemachte, getrocknete Hefe, die, wenn keine frische zur Hand ist, gute Dienste leistet. Frische Hefe bringt jedoch fast immer bessere Resultate.

Die Hefe sollte Zimmertemperatur haben, bevor sie verarbeitet wird und nicht direkt mit Salz, Eigelb oder Fett in Berührung kommen, um die Gärung nicht zu beeinträchtigen. Deshalb wird zuerst in einem Vorteig aus Hefe, etwas Mehl, Flüssigkeit und wenig Zucker die Hefe „angelassen", dann werden erst die anderen Zutaten zugefügt. Für den Vorteig darf die Flüssigkeit jedoch nur lauwarm, auf keinen Fall heiß sein, sonst sterben die Hefezellen ab und der Teig geht nicht mehr.

HONIG

Honig ist eine typische Backzutat für die Weihnachtsbäckerei. Er bestimmt den Geschmack von Honig- und Lebkuchen. Honig kann beim Backen Zucker ersetzen, doch verändert sich das Gebäck in Geschmack und Konsistenz. Je nach Art der Gewinnung und Blütentracht werden vielerlei Honigsorten unterschieden. Zum Backen eignet sich der Akazienhonig mit seinem milden Aroma, er überlagert den Geschmack anderer Zutaten nicht. Ob ein Honig fest oder flüssig ist, sagt

Weihnachtsbäckerei

nichts über seine Qualität aus. Fester Honig kann durch Erhitzen im Wasserbad verflüssigt werden.

KAKAO

Kakaopulver brauchen wir zum Herstellen von dunklen Teigen, wie etwa für Schwarz-Weiß-Gebäck. Das Pulver wird meist nur einem Teil des Teiges zusammen mit etwas Zucker zugegeben. Schwach entölter Kakao ist sehr dunkel, dabei mild und voll im Geschmack. Stark entölter Kakao schmeckt herber, ist jedoch zum Backen sehr gut geeignet, denn der strengere Geschmack wird durch Zucker und Teig gemildert.

KOKOSNÜSSE

Kokosnüsse brauchen wir in der Backstube in geraspelter Form. Wer das Fruchtfleisch selbst raspelt, erreicht die geschmacklich beste Qualität, die an keine Ware aus dem Beutel herankommt.

MARZIPANROHMASSE

Marzipanrohmasse besteht aus fein gemahlenen Mandeln und Zucker. Ein Gütesiegel auf der Verpackung weist einen besonders hohen Mandelgehalt aus. Die Masse kann als Teigzutat, für Füllungen, Garnituren, Makronenmassen und zum Modellieren von Figuren verwendet werden.

MEHL

Für feines Gebäck wird fast immer Weizenmehl der Type 405 verwendet. Es handelt sich dabei um das helle Weizenauszugsmehl. Mit ihm gelingt fast jedes Gebäck sehr gut. Manchmal, wenn wir herzhafteres Gebäck haben wollen, kann auch Vollkornmehl zum Plätzchenbacken genommen werden. Mit Vollkornmehl hergestelltes Gebäck enthält noch nahezu alle wertvollen Inhaltsstoffe des ganzen Getreidekornes und wesentlich mehr Vitamine, Mineral- und Ballaststoffe als Gebäck aus reinem Weißmehl.

Wer Vollkornmehl ausprobieren möchte, dem empfehlen wir, schrittweise umzusteigen: Zunächst ein Drittel der Mehlmenge durch Vollkornmehl ersetzen und später den Anteil erhöhen. Wenn das Vollkornmehl optisch nicht auffallen soll, wird es nur für dunkle Teige und Nussgebäcke eingesetzt. Vollkornmehl muss immer frisch gemahlen werden. Wer es mit einer Getreidemühle selbst herstellt, sollte immer nur so viel mahlen, wie gleich verbraucht wird, denn die Haltbarkeit dieses Mehls ist begrenzt. Auch gekauftes Vollkornmehl darf zum Backen nicht älter als vier Wochen sein, sonst wird der ölhaltige Getreidekeim ranzig.

OBLATEN

Oblaten sind ein dünnes Dauergebäck aus Mehl und Speisestärke. Sie dienen als Unterlage für Makronen und Lebkuchen. Beim Backen auf Oblaten braucht das Backblech nicht gefettet zu werden. Oblaten schützen die Plätzchen während des Backens vor zu großer Unterhitze und später vor dem Austrocknen. So bleiben sie außen knusprig und innen zart. Im Handel findet man Oblaten verschiedener Größen und Formen.

PINIENKERNE

Die qualitativ besten Pinienkerne kommen von den toskanischen Pinienhainen entlang der Meeresküste. Ihr Geschmack ist unschlagbar. Geröstet entfaltet sich ihr Aroma noch besser.

PISTAZIEN

Pistazien sind mit den Mandeln verwandt. Ihre leuchtend grünen Kerne eignen sich zum Dekorieren von Gebäck, außerdem steuern sie einen sehr würzigen Geschmack bei. Pistazienkerne niemals lange aufbewahren, denn ihr Öl wird ranzig und das leuchtende Grün verblasst sehr schnell.

ROSINEN

Hinter dem Oberbegriff Rosinen verstecken sich die kleinen, schwarzen, kernlosen Korinthen, die hellen, kernlosen Sultaninen und die großen Traubenrosinen mit Kernen. Korinthen haben einen ausgeprägten Fruchtgeschmack und bleiben beim Backen fest. Sie dürfen zur Haltbarmachung nicht geschwefelt werden. Bei den Sultaninen findet man helle, gebleichte und rötlich braune, ungebleichte im Handel. Es lohnt sich, kritisch aufs Etikett zu schauen, um zu sehen, ob die Trockenfrüchte geschwefelt wurden. Vor dem Einarbeiten in den Teig werden Rosinen gewaschen, manchmal auch in Wein, Likör oder Obstwasser eingeweicht. Dünnes Bestäuben mit Mehl verhindert, dass sie in leichten Teigen alle zu Boden sinken.

ZITRONEN

Der Saft von Zitronen stabilisiert den Eischnee. Die abgeriebene Schale aromatisiert eine Vielzahl von

10 Weihnachtsbäckerei

Plätzchen und Kuchen. Selbstverständlich kann auch Orangenschale abgerieben werden. Auf keinen Fall dürfen Zitrusfrüchte, deren Schale abgerieben werden soll, mit Diphenyl oder anderen Mitteln behandelt sein. Die Behandlung ist zwar kennzeichnungspflichtig, aber es ist doch sicherer, noch einmal nachzufragen, ob die Früchte tatsächlich unbehandelt sind.

ZUCKER

Unser Zucker wird aus Zuckerrüben gewonnen. Er versüßt das Leben, weckt und vertieft das Aroma, bringt jedoch auch eine Menge Kalorien ins Gebäck. Daher sollte beim Backen mit Zucker nicht zu verschwenderisch umgegangen werden. Es gibt verschiedene Sorten und Körnungen. Zum Backen verwenden wir feinsten Zucker, auch Raffinade genannt, Puderzucker und Hagelzucker. Für bestimmte Gebäckarten wie Lebkuchen eignet sich auch brauner Zucker oder Farinzucker. Puderzucker ist staubfein gemahlener Zucker, der sich besonders gut auflöst. Er ist zum Bestäuben von Gebäck und zum Herstellen von Glasuren hervorragend geeignet. Hagelzucker besteht aus groben Körnern und wird zum Bestreuen des Gebäcks benützt. Brauner Zucker oder Kandisfarin ist ein feinkörniger Spezialzucker, der aus braunem Kandissirup gewonnen wird. Die Karamel- und Bräunungsstoffe verstärken das Aroma und verbessern Farbe und Luftigkeit des Gebäcks.

Weihnachtsbäckerei

Gute Gewürze spenden Duft und Aroma

Die Backstube ist die Heimat geheimnisvoller Düfte. Ausgewählte Gewürze geben unserem zarten Gebäck das feine Aroma. Sie verweisen oft auch als Bestandteil des Namens auf ihren verlockenden Duft wie bei Pfeffernüssen, Zimtsternen oder Anisplätzchen.

Um Würzkraft und Aromaintensität zu erhalten, verwahren wir Gewürze luftdicht verschlossen in Glasgefäßen und halten immer nur so viel an Vorrat, wie in absehbarer Zeit aufgebraucht wird, sonst gehen Duft, Aroma, Geruch und Farbe verloren, denn die vielen feinen Duftstoffe unserer Backgewürze sind an leicht flüchtige ätherische Öle gebunden. Die wichtigsten Gewürze für Gebäck sollen hier beschrieben werden.

ANIS

Anis ist ein typisches Backgewürz aus den Samen eines Doldengewächses, das im Mittelmeerraum wächst. Schon die Griechen verwendeten Anis seines wohl duftenden, „heilsamen" ätherischen Öls wegen für Anisbrot, das wir heute auch noch kennen und lieben. Sein charakteristischer scharf-süßer Geschmack verleiht Lebkuchen, Springerle, Honigkuchen und Anisplätzchen die besondere Note.

Im Handel gibt es sowohl ganze Körner als auch gemahlenen Anis zu kaufen. Seine Farbe sollte gelb- bis graugrün und sein Geruch intensiv sein.

BACKAROMEN

In winzigen Fläschchen gibt es konzentrierte Zubereitungen verschiedener Duft- und Geschmacksstoffe zu kaufen. Sie enthalten natürliche, naturidentische oder auch künstliche Aromastoffe. Von Rum- bis Zitronenaroma – die kleinen Helfer zur Abrundung des Geschmacks sind manchmal recht nützlich, wenn keine unbehandelte Zitrone oder kein Schuss Rum im Hause sind. Doch Vorsicht bei der Dosierung: Der Geschmack dieser Aromen ist intensiver als der natürlicher Produkte, sie werden daher nur tropfenweise zugesetzt. Wo immer möglich, sollten für zartes Gebäck nur die originalen, nicht konzentrierten oder synthetisierten Aromaträger verwendet werden. Ihr Geschmack ist feiner und natürlicher.

FENCHEL

Die fein gerieften Samen der oft übermannshohen Fenchelstaude gehören in den Mittelmeerländern zu den wichtigen Haushaltgewürzen, die neben ihrem Geschmack auch für ihre medizinische Wirkung bekannt sind. Fenchel regt den Appetit an, fördert die Verdauung und wirkt krampflösend. Gemahlenen Fenchel verwenden wir zum Beispiel für das Ulmer Brot und als Gewürz für die schweren, honigsüßen Lebkuchen. Er kann durch sein heilsames ätherisches Öl, das auch Blähungen beseitigen soll, zur besseren Bekömmlichkeit eines üppigen Festtagsessens beitragen.

INGWER

Als Gewürz verwendet man vom Ingwer die fleischigen Wurzelknollen des meterhohen Gewürzliliengewächses. Sie können getrocknet und dann gemahlen oder in Zuckersirup eingelegt verwendet werden. Für viele Plätzchenteige braucht man gemahlenen Ingwer, der seines würzig-scharfen Aromas wegen sehr vorsichtig zugefügt werden sollte. Bei den Ingwerwürfeln in unserem Buch enthält nur der Teig gemahlenen Ingwer, als Garnitur setzen wir auf die Schokoladenglasur kleine Stückchen kandierten Ingwer.

KARDAMOM

Kardamom kommt aus Indien, Ceylon oder Sumatra. Er wird aus den an ätherischen Ölen reichen Samen eines Ingwergewächses gewonnen, schmeckt feurig-würzig wie seine Verwandten und unterstreicht das Aroma vieler Speisen. Wir verwenden Kardamom fein gemahlen für Gebäck wie Lebkuchen und Hutzelbrot.

12 Weihnachtsbäckerei

NELKEN
Nelken sind die getrockneten Blütenknospen des Gewürznelkenbaumes, der auf den indonesischen Gewürzinseln wächst und bis zehn Meter hoch werden kann. Nelken sind besonders reich an ätherischem Nelkenöl. Zum Backen werden sie immer gemahlen verwendet, verlieren aber so leicht das feine Aroma. Seit dem frühen Mittelalter werden sie in den Klöstern als typisches Lebkuchengewürz verwendet. Heute kommen die meisten Nelken von Plantagen auf der Gewürzinsel Sansibar und aus Südostasien.

PIMENT
Piment wächst als sechs bis acht Millimeter große Körnerfrucht in Rispen auf sehr hohen Bäumen, vor allem auf Jamaika. Vor der Reife enthalten die Früchte noch ein sehr intensiv duftendes ätherisches Öl, das sich aber im Verlauf der Reifung ganz verflüchtigt, deshalb müssen die Körner unreif geerntet werden. Pimentkörner werden auch häufig einfach Gewürzkörner oder Allgewürz genannt, denn sie vereinigen die Geschmacks- und Duftkomponenten von Nelken, Zimt und Muskat mit der Schärfe des Pfeffers. Heute verwenden wir gemahlenes Piment für Honigkuchen, Pfefferkuchen, Lebkuchen und Gewürzkuchen.

SAFRAN
Safran nennen wir die schmalen Blütennarben einer Krokusart, die von Hand gepflückt werden müssen. Deshalb war Safran schon immer teuer. Im Mittelalter kostete ein Pfund Safran so viel wie ein Pferd. Auch heute noch ist Safran das teuerste Gewürz. Er wird als natürliches Färbemittel verwendet. Sein Aroma ist eher zurückhaltend. Bereits winzige Mengen genügen, um den Teig gelb zu färben. Der Geschmack von Safran geht ins Bittersüße. Bevor er einem Teig zugegeben wird, muss er immer in etwas Flüssigkeit aufgelöst werden.

STERNANIS
Das Aroma des Sternanis ähnelt zwar dem des Anis, botanisch gehören sie jedoch verschiedenen Pflanzenfamilien an. Sternanis duftet wie Anis, schmeckt aber wesentlich kräftiger und feuriger. Er passt zu intensiv gewürztem Weihnachtsgebäck.

VANILLESCHOTEN
Die länglichen schwarzen Vanilleschoten sind die fermentierten Früchte einer Orchideenart, die früher hauptsächlich in den Küstengebieten Mittelamerikas vorkam. Heute findet man große Kulturen in Madagaskar, Bourbon und auf den Seychellen. Der Duftstoff, das Vanillin, wird bei besonders aromareichen Vanilleschoten in feinen Kristallen ausgeschieden. Das Mark der Fruchtschoten besteht aus feinen schwarzen Samenkörnern, die über und über mit Vanillinkristallen übersät sind und als untrügliches Kennzeichen für echten Vanillezucker gelten. Vanillezucker kommt in sehr vielen Backrezepten vor und ist zum Beispiel für Vanillekipferl unentbehrlich. Das beste Aroma bietet im eigenen Haushalt frisch hergestellter Vanillezucker. Gekaufter Vanillezucker in kleinen Beuteln verliert schnell den Duft. Für diesen Vanillinzucker wird keine echte Vanille sondern das synthetisch erzeugte Vanillinaroma verwendet. So einfach kann man frischen Vanillezucker selbst herstellen:
In ein fest verschließbares Glas einige aufgeschlitzte Vanillestangen geben. Nun mit normalem weißem Haushaltszucker (Raffinade) auffüllen, verschließen und mindestens drei Tage zum Aromatisieren stehen lassen. Dann das schwarze Mark aus den Schoten herausschaben und mit dem Zucker vermengen.

ZIMT
Zimtstangen lassen noch die Herkunft dieses Gewürzes erkennen: es ist die abgeschälte, getrocknete Rindes des ceylonesischen Zimtbaumes. Je dünner die

Weihnachtsbäckerei 13

Rindenteile sind, desto feiner das Aroma. In der Backstube wird gemahlener Zimt verwendet. Er ist nicht nur für Zimtsterne, sondern auch für Honig- und Lebkuchen einfach unentbehrlich. Um Aromaverluste zu vermeiden, wird das gemahlene Gewürz nur in fest verschließbaren Gefäßen aufbewahrt.

ZITRONAT (SUKKADE) UND ORANGEAT

Zitronat und Orangeat werden nicht etwa aus den Schalen herkömmlicher Zitronen und Orangen gewonnen, sondern aus dickschaligen Zedratzitronen bzw. der Pomeranze, auch Bitter- oder Sevillaorange genannt. Für Zitronat werden die grün geernteten, ein bis zwei Kilogramm schweren Früchte der Zedratzitrone nach dem Aufkochen mit reinem weißen Zucker kandiert und glasiert. Zedratzitronen wachsen hauptsächlich in Italien und Griechenland. Genauso verfährt man auch mit der Schale der Pomeranze. Zedratzitrone und Pomeranze haben eine sehr unebene, raue Schale mit zahlreichen Öldrüsen, die außerordentlich aromatische ätherische Öle enthalten. Deshalb sind Orangeat und Zitronat hervorragende Aromen für viele Gebäckarten. Diese kandierten Früchteschalen braucht man nicht nur für Christstollen. Als Teigzutaten sollte man sie möglichst fein wiegen, zum Dekorieren in passende Würfel oder Streifen schneiden. Dazu beim Schneiden etwas Zucker darüber streuen, dann springen sie unter dem scharfen Messer nicht weg.

ZITRONENSCHALE

Zitronenschale zum Aromatisieren darf nur von unbehandelten Früchten stammen. Die Zitronen sollten heiß abgewaschen und abgetrocknet werden. Dann am besten mit einem Zitrusschaber (Zestenreißer) feine Streifen von der Schale ziehen. Auf diese Weise gerät nichts von der bitteren Haut, die dicht unter der hocharomatischen Schale liegt, in den Teig.

Weihnachtsbäckerei

Wichtige Geräte für das gute Gelingen

Keine Sorge, große Neuanschaffungen sind beim Plätzchenbacken in der Backstube nicht nötig. Vorausgesetzt natürlich, die Grundausstattung, also Schüsseln, Waage, Kochlöffel, Handrührgerät, ist vorhanden. Wir stellen Ihnen hier einige wichtige Gerätschaften vor, die vor allem das Ausformen und Verzieren des Gebäcks erleichtern. Denn was wären Springerle, Makronen, Spritzgebäck oder Bärentatzen ohne ihre typische Form?

AUSSTECHFÖRMCHEN

Ein Gebäckteller reizt auch durch die Vielfalt der Formen, deshalb lohnt es sich, Ausstecher in vielen verschiedenen Formen parat zu haben. Häufig werden komplette Sets verkauft. Neben den klassischen Motiven gibt es auch Förmchen für Ringe und Brezeln. Ausstechförmchen sollten rostfrei sein und scharfe Schnittkanten haben. Beim Ausstechen die Förmchen zwischendurch immer wieder in Mehl tauchen, das verhindert das Ankleben des Teiges.

BACKPINSEL

Alle Pinsel, die in der Küche Verwendung finden, sollten ungefärbte, fest im Stiel verankerte Naturborsten besitzen. Beim Backen sind mehrere Pinsel nützlich: ein breiter zum Fetten der Formen und Bleche, ein schmaler mit zarten Borsten zum Bestreichen mit Eiweiß, Glasur, Milch, Eigelb oder Wasser und eventuell ein dritter, um Zucker oder Mehl trocken zu entfernen.

GARNIERKAMM

Ein Garnierkamm ist von Nutzen, um ein dekoratives Muster in die Schokoladenkuvertüre zu ziehen. Dieses einfache Hilfsmittel kann jedoch auch beim Verzieren von Gebäck und Torten gute Dienste leisten. Das abgebildete Exemplar hat zwei verschiedene eingekerbte Kämme und ist daher vielseitiger verwendbar.

HOLZMODEL

Sie bringen den Teig für Springerle und Bärentatzen in Form. Bevor sie auf den ausgewellten Teig gedrückt werden, den Teig dünn mit Mehl oder Weizenpuder bestäuben. Dann klebt er nicht an und löst sich beim Abklopfen leichter heraus. In den Modeln darf sich kein Mehl und kein Teig festsetzen, sonst verstopfen die kleinen Ornamente.

KÜCHENMESSER

Sie sollten handlich und immer scharf sein. Weil sie vielseitige Dienste leisten, dürfen sie in keiner Küche fehlen. Gute Messer sind nicht billig, doch lohnt es sich, auf Qualität zu achten. Die Klinge reicht bei guten Stücken als Schaft bis ans Griffende des Messers, der Griff selbst besteht aus zwei an den Schaft genieteten Halbgriffen.

MEHLSIEB

Das Sieben des Mehls ist heute ein wenig aus der Mode gekommen. Die kleine Mühe lohnt sich jedoch, denn Klümpchen und Verunreinigungen können so entfernt, Backpulver und Speisestärke gut untergemischt werden.

PALETTE

Eine Palette wird sich nicht in jeder Küche finden, doch lohnt sich die Anschaffung – nicht nur für die Zeit des Backens. Paletten sind Metallspachtel mit abgerundeten Ecken. Wir brauchen eine stabile Palette, um damit Gebäckstücke horizontal zu teilen, Zuckerguss und Kuvertüre glatt zu streichen und mehrere Plätzchen gleichzeitig vom Backblech zu heben.

PERGAMENTPAPIER

Pergamentpapier ist ein altbewährter Helfer in der Küche. Es dient zum Auslegen von Backblechen und -formen, zum Abdecken des Gebäcks am Ende der

Weihnachtsbäckerei

Backzeit. Außerdem kann man daraus Spritztütchen falten, um feine Glasurmuster und -schriften aufzuspritzen.

PRALINENGITTER

Ein Pralinengitter besteht aus einer Auffangschale und einem Abtropfrost. Es ist ideal zum Glasieren, zum Überziehen mit Kuvertüre, zum Abtropfen und Trocknen von Kleingebäck. Bei großen Gebäckmengen oder wenn kein Pralinengitter vorhanden ist, genügt natürlich auch ein herkömmliches Kuchengitter, das auf Alufolie gestellt wird.

PRALINENKAPSELN

Sie sind Backform, Gefäß und Verpackung in einem, geeignet für Trüffelmassen und weiche Teige, die in einer kleinen, einmal zu verwendenden Form gebacken werden müssen.

PUDERZUCKERSTREUER

Diese Streudosen werden aus Kunststoff oder Metall hergestellt. Mit ihrer Hilfe können Kuchen und Plätzchen gleichmäßig mit Puderzucker bestreut werden. Außerdem kann man darin gleichzeitig den Puderzucker aufbewahren.

SCHNEEBESEN

Ein Schneebesen oder Schlagbesen wird immer dann gebraucht, wenn luftige Massen aufgeschlagen oder Teig und Eischnee gemischt werden sollen. Geeignet sind Schlagbesen aus rostfreiem Stahl, deren Drähte von einem Metallgriff zusammengehalten werden.

SPRITZBEUTEL

Zum Verzieren von Kuchen und Torten sowie zum Spritzen von Baisergebäck und Windbeuteln ist ein großer Beutel aus Stoff oder Kunststoff zu empfehlen. Der Stoffbeutel muss nach jedem Gebrauch ausgekocht werden, Nylonbeutel sind leichter zu reinigen. Spritzbeutel werden immer nur halb gefüllt, dann fasst man sie mit einer Hand über der Füllung straff zusammen und führt sie mit der anderen Hand beim Spritzen.

SPRITZBEUTEL-TÜLLEN

Ein Spritzbeutel kann ohne und mit Tülle benutzt werden. Mit den Tüllen erhalten die Spritzmassen jedoch erst ihre typischen Formen. Tüllen gibt es in zahlreichen Variationen und Größen, z.B. Lochtüllen zum Verzieren und Schreiben, Sterntüllen für Rand- und Blumendekorationen und diverse schlitzförmige Tüllen für kunstvollere Dekorationen. Wer gerne und viel mit dem Spritzbeutel arbeitet, sollte darauf achten, dass die Tüllen auswechselbar sind, ohne dass der Beutel vorher entleert werden muss.

SPRITZVORSATZ FÜR DEN FLEISCHWOLF

Dieses Zusatzgerät eignet sich besonders für die bequeme Herstellung von Spritzgebäck. Mit der Schiebeleiste können verschiedene Querschnitte gewählt werden. Beim Durchdrehen von Spritzgebäck helfen Kinder gerne mit: Sie passen auf, dass die langen Teigstreifen nicht brechen, legen sie vorsichtig auf die Arbeitsfläche und schneiden sie in passende Stücke.

TEIGRÄDCHEN

Es werden glatte Rädchen und Rädchen mit gezacktem Rand angeboten. Wichtig ist, dass es scharf genug ist, den Teig zu schneiden und ihn nicht zerreißt und dehnt. Außerdem erfordert scharfes Werkzeug weniger Kraftaufwand und selbst Kurven und andere freie Formen lassen sich besser herausarbeiten.

TEIGROLLER

Beim Teigroller, auch Wellholz, Nudelholz oder Rollholz genannt, kann der Zylinder aus Holz oder aus Marmor sein. Wichtig ist eine glatte Oberfläche und problemloses, leichtes Rollen. Sehr gute professionelle Wellhölzer laufen in Kugellagern. Für Holzroller eignet sich Hartholz gut, weil es weder klebt noch Flüssigkeit und Fett aufnimmt. Marmorroller leisten hervorragende Dienste, wenn es darauf ankommt, Mürbteig kühl zu bearbeiten. Der Marmorroller kommt dann einfach vor dem Auswellen eine Weile in den Kühlschrank. Teig soll immer nur durch leichten Druck ausgerollt und nicht mit viel Kraft breit gequetscht werden!

ZESTENREISSER

Mit dem Zestenreißer lässt sich die Schale von Zitronen und Orangen in feinen Streifen abschaben. Die darunter liegende Haut erfassen die scharfkantigen Löcher des Schabers dabei nicht, deshalb arbeitet er zuverlässiger als ein Messer oder Schälmesser.

Weihnachtsbäckerei

Schöner schenken – einfallsreich verpacken

*„Schenke groß oder klein,
aber immer gediegen.
Wenn die Bedachten die Gaben wiegen,
sei dein Gewissen rein.*

*Schenke herzlich und frei.
Schenke dabei
was in dir wohnt
an Meinung, Geschmack und Humor,
so, dass die eigene Freude zuvor
dich reichlich belohnt.*

*Schenke mit Geist ohne List.
Sei eingedenk, daß dein Geschenk
du selber bist.*

Joachim Ringelnatz

Ein süßes Mitbringsel liebevoll in Gold- oder Silberfolie gewickelt und mit bunten Bändern verschnürt oder in winzige Kartons versteckt, die für ein einzelnes „Schmuckstück" gerade groß genug sind, so gelingt die Überraschung immer.

Die Auswahl an Geschenkkartons ist riesig: ob rund, sternförmig, rechteckig oder quadratisch, in knallig bunten Farben oder klassisch venezianisch marmoriert, für jeden Geschmack ist etwas dabei.

Damit unser Gebäck in diesen Kartons nicht nur bis zum Überreichen frisch und ansehnlich bleibt, kleiden wir die kleinen Boxen mit Frischhaltefolie aus. Das ist besser fürs Gebäck und die hübschen Schachteln bekommen keine Flecken, sodass Sie später auch noch andere Kleinigkeiten darin aufbewahren können.

Die ideale Verpackung für zartes Gebäck ist immer noch die Blechdose, denn sie schützt vor fremden Aromen, vor dem Zerbrechen, Austrocknen und Verflüchtigen der wertvollen Gewürze. Blechdosen, unifarben oder mit vielerlei Dekor gibt es heute in großer Vielfalt. Die unifarbenen können wir auch noch selbst bemalen, mit ausgeschnittenen Mustern oder Streifen aus selbstklebender Plastikfolie dekorieren.

Unsere schönen Backkunstwerke brauchen wir aber nicht zu verstecken: Klarsichtbeutel oder eine offene Schale, üppig mit Klarsicht- oder Farbfolie ausgeschlagen, ergeben ein wertvolles, elegantes Präsent. Nun noch eine große, dekorative Schleife zum Verschließen und fertig ist ein ganz persönliches Geschenk. Und jedes Gebäckpräsent wird noch bereichert, wenn wir auf schönem Briefpapier, mit eigener Hand geschrieben, das Rezept beifügen.

Plätzchen und Kleingebäck

Anisplätzchen

Zutaten für etwa 120 Stück:

- 5 Eier
- 300 g Zucker
- 1 Messerspitze Salz
- 3 TL Aniskörner
- 1 Messerspitze gemahlener Anis
- 300 g Mehl
- Butter und Mehl für das Blech

Backtemperatur:
- vorheizen auf 150 °C, Gas Stufe 1

Im Wasserbad Eier, Zucker und Salz mit dem Schneebesen oder Rührgerät schlagen, bis die Masse etwa 40 °C erreicht hat. Schüssel aus dem Wasserbad nehmen und die Ei-Zucker-Masse schlagen, bis sie sich abgekühlt hat.

Anis und Mehl behutsam unterheben und den Teig in einen Spritzbeutel mit Lochtülle geben.

Auf ein gefettetes und bemehltes Backblech haselnussgroße Tupfer spritzen, dabei auf ausreichenden Abstand achten.

Anisplätzchen über Nacht antrocknen lassen, damit sich beim Backen das typische Füßchen bilden kann. Den Backofen auf 150 °C, Gas Stufe 1, vorheizen und das Gebäck auf der mittleren Einschubleiste 10 Minuten sehr hell backen.

Anis gehörte bereits im Altertum zu den bekanntesten Gewürzen und fand schon damals als Arznei Verwendung. Ursprünglich wurde die Anispflanze in Vorderasien, Ägypten und auf den griechischen Inseln angebaut, heute ist sie in ganz Europa verbreitet. Anis ist bekannt geworden als Grundstoff für köstliche Liköre (Anisette), doch eignet er sich auch vorzüglich als Aroma für Eierschaumgebäck.

Plätzchen und Kleingebäck

Bärentatzen

Zutaten für etwa 40–45 Stück:

- 3 Eiweiß
- 220 g Zucker
- 100 g geriebene bittere Schokolade
- 250 g ungeschälte gemahlene Mandeln
- abgeriebene Schale von 1 unbehandelten Zitrone
- ½ TL Zimt
- ½ TL gemahlenes Piment
- Zucker zum Ausstreuen
- Butter und Mehl für das Blech

Backtemperatur:
- vorheizen auf 180 °C, Gas Stufe 2

Eiweiß zu festem Schnee schlagen, dabei nach und nach etwa ²/₃ des Zuckers zugeben. Geriebene Schokolade, gemahlene Mandeln, Zitronenschale, Zimt und Piment mit dem restlichen Zucker vermischen und behutsam unter das steife Eiweiß heben.

Mit einem Teelöffel jeweils so viel Teig abnehmen wie in ein Model passt. Mit der Hand kleine Kugeln daraus formen. Model mit Zucker ausstreuen und Teigkugeln hineindrücken.

Zum Herauslösen Kante der Form leicht gegen die Arbeitsfläche schlagen, sodass die Plätzchen in die offene Hand fallen. Die geformten Bärentatzen auf ein gefettetes und bemehltes Backblech setzen und über Nacht trocknen lassen.

Am nächsten Tag Backofen auf 180 °C, Gas Stufe 2, vorheizen und auf der mittleren Einschubleiste 15 Minuten backen. Die Oberfläche der Bärentatzen sollte eine feine Kruste haben, das Innere allerdings noch weich sein.

Gelegentlich werden Bärentatzen auch Mandelmuscheln genannt. Sie sind ein gehaltvolles Gebäck, das erst nach etwa 14 Tagen sein volles Aroma entfaltet.

Plätzchen und Kleingebäck

Butterplätzchen

Zutaten für etwa 70 Stück:

- 250 g weiche Butter
- 125 g Puderzucker
- 1 Messerspitze Salz
- abgeriebene Schale von ½ unbehandelten Zitrone
- 3 Eigelb
- Eigelb zum Bestreichen
- 400 g Mehl
- 50–70 g Hagelzucker zum Bestreuen

Backtemperatur:
- vorheizen auf 190 °C, Gas Stufe 2–3

Tipp:
Mit Butter gebackene Plätzchen werden besonders mürbe und haben einen feinen Buttergeschmack. Margarine ist dagegen eher geschmacksneutral und macht das Gebäck weicher.

Butter mit Puderzucker, Salz, Zitronenschale und den Eigelben cremig rühren. Mehl darüber sieben und alles schnell zu einem mürben Teig kneten. Teig zu einer Kugel formen, in Klarsichtfolie einwickeln und für mindestens 3–4 Stunden in den Kühlschrank stellen. Besser ist es, der Teig ruht über Nacht.

Nach der Ruhezeit eine Rolle aus dem Teig formen und in etwa 70 Scheiben schneiden. Die Scheiben zu 8 cm langen Stäbchen rollen und in S-Form auf ein ungefettetes Backblech legen. Die Plätzchen sollten etwas auf Abstand liegen, da sie sonst ineinander laufen können.

Eigelb mit einigen Tropfen Wasser verrühren. Plätzchen damit bestreichen und zuletzt je nach Geschmack mit Hagelzucker bestreuen. Zucker, der auf das Blech gefallen ist, entfernen. Er verbrennt sonst.

Backofen auf 190–198 °C, Gas Stufe 3, vorheizen und das Gebäck 10 Minuten auf mittlerer Einschubhöhe goldgelb backen. Auf einem Kuchengitter auskühlen lassen.

Der Mürbteig für diese feinen Buchstaben muss blitzschnell verarbeitet werden, sonst wird er klebrig. Die Plätzchen formt man am besten aus dem abgekühlten Teig. Erst nach ein paar Tagen werden sie richtig mürbe und zart.

Plätzchen und Kleingebäck

Dattelmakronen

Zutaten für etwa 70 Stück:

- 3 Eier
- 300 g Zucker
- 2 EL Vanillezucker
- 300 g gemischte, fein gemahlene Nüsse
- 300 g entkernte, klein geschnittene Datteln
- runde Oblaten

Backtemperatur:
- vorheizen auf 130–140 °C, Gas Stufe 1

Eier, Zucker und Vanillezucker schaumig rühren. Nüsse und Datteln vorsichtig unterheben. Mit zwei nassen Teelöffeln kleine Teighäufchen auf Oblaten setzen.

Backofen auf 130–140 °C vorheizen und Makronen auf der mittleren Einschubleiste 15–20 Minuten backen.

Varianten:

Diese Makronenmasse können Sie für schöpferische Variationen eigener Makronensorten mit verschiedenen Trockenfrüchten wie etwa getrockneten Aprikosen, Feigen, Bananen, Sultaninen oder Backpflaumen abwandeln.

Elisenlebkuchen

Zutaten für etwa 25 Stück:

- 5 Eier
- 350 g Zucker
- 200 g gemahlene Mandeln
- 150 g gemahlene Haselnüsse
- 100 g Mehl
- 50 g fein gewürfeltes Orangeat
- 50 g fein gewürfeltes Zitronat
- 2 TL gemahlener Zimt
- 1/4 TL gemahlener Kardamom
- 1 Messerspitze gemahlene Nelken, Piment und Ingwer
- runde Oblaten (8 cm Durchmesser)
- Mandelhälften und Zitronatstreifen zum Verzieren

Für die Glasur:

- 100 g Zucker
- 1 EL Zitronensaft
- 2 EL Rotwein

Backtemperatur:

- vorheizen auf 180–190 °C, Gas Stufe 2

Eier und Zucker in eine Schüssel geben und im gut handwarmen Wasserbad schaumig rühren. Dabei soll die Temperatur 45 °C nicht übersteigen. Schüssel herausnehmen und die Masse bis zum Abkühlen weiterschlagen.

Mandeln, Haselnüsse, Mehl, Orangeat, Zitronat und die Gewürze miteinander vermischen und unter den Ei-Zucker-Schaum ziehen. Auf jede Oblate 1 Löffel Teig geben und mit einem Messer nach außen hin abfallend glatt streichen. Das Messer zwischendurch immer wieder in kaltes Wasser tauchen, damit der Teig nicht hängen bleibt.

Lebkuchen mit Mandelhälften und Zitronatstreifen garnieren und über Nacht zum Trocknen stehen lassen. Am nächsten Tag Backofen auf 180 °C, Gas Stufe 2, vorheizen und die Lebkuchen auf der mittleren Einschubleiste so lange backen, dass sie oben knusprig und unten noch weich sind.

Während die Lebkuchen backen, Zucker, Zitronensaft und Rotwein in einem Topf mischen, bei geringer Hitze einmal aufkochen und die noch heißen Lebkuchen dünn damit glasieren.

TIPP:

Orangeat und Zitronat sollten unbedingt frisch sein. Ältere Ware ist trocken und der Zucker hat sich weißlich darauf abgesetzt. Frische Ware ist dagegen klebrig, feucht und klar in der Farbe.
Statt auf Backoblaten können Sie die Lebkuchen auch auf dem mit Backpapier ausgelegten Blech backen.

In der römischen Kaiserzeit entstanden aus orientalischen und griechischen Rezepten die Honiglebkuchen. Durch die seit 529 bestehenden Klöster wurde dieses Gebäck ins Mittelalter tradiert. Die „Lebküchner" oder „Lebzelter" übernahmen diese Kunst und bildeten bald eine eigene Zunft. Sie arbeiteten bevorzugt in Städten, wo sich wichtige Handelsstraßen kreuzten, genau dort also, wo orientalische Gewürze gehandelt wurden. Sie ließen sich auch gerne in Wallfahrtsorten nieder, wo die lange Reise der Pilger mit den köstlichen Kuchen belohnt wurde.

Eberswalder Spritzkuchen

Zutaten für etwa 14 Stück:
- 1/4 Liter Wasser
- 60 g Butter
- 1 Prise Salz
- 150 g Mehl
- 3–4 Eier

Zum Backen:
- 1 kg Kokosfett oder 1 Liter Öl

Für die Glasur:
- 150 g Puderzucker
- 1 EL Wasser
- 1 TL Rum

■ Wasser mit der Butter und dem Salz in einem Topf aufkochen lassen, anschließend das Mehl hineinrühren. Das Ganze so lange erhitzen, bis sich ein Kloß bildet. Den Topf vom Herd nehmen und zunächst 1 Ei hineinrühren. Den Teig etwas abkühlen lassen und die übrigen Eier so lange unterrühren, bis der Teig in langen Spitzen vom Löffel fällt.

■ Das Kokosfett oder das Öl im Frittiertopf auf ca. 180 °C erhitzen und Pergamentpapierstückchen von ca. 10 x 10 cm Größe zuschneiden; mit ein wenig Öl fetten.

■ Den Teig nun in einen Spritzbeutel mit Sterntülle füllen und auf dem Pergamentpapier Kränze mit 3–4 cm Innendurchmesser (3 Schichten übereinander) spritzen. Dann jeweils nacheinander 4–5 Ringe rund 10 Minuten im heißen Fett ausbacken.

■ Anschließend die Spritzkuchen abtropfen und auf einem Kuchengitter auskühlen lassen. Den Puderzucker mit Wasser und Rum glatt rühren und die Ringe damit bestreichen.

Eberswalde, die kleine verträumte Kreisstadt in der Mark Brandenburg, ist nicht nur wegen eines vorgeschichtlichen Goldfundes im Jahre 1913 bekannt geworden, sondern auch wegen des berühmten Spritzkuchens.

Plätzchen und Kleingebäck

Haselnussmakronen

Zutaten für etwa 50 Stück:
- 5 Eiweiß
- 500 g Zucker
- 500 g fein geriebene Haselnüsse
- 1 Päckchen Vanillezucker
- 1 TL Zitronensaft
- Butter für das Blech
- 1 Eiweiß für die Glasur
- 150 g Puderzucker für die Glasur
- ganze Haselnüsse zum Garnieren

Backtemperatur:
- vorheizen auf 130–150 °C, Gas Stufe 1

Eiweiß mit dem Handrührgerät steif schlagen. Zucker dazugeben und rühren, bis eine dichte Schaummasse entsteht. Haselnüsse, Vanillezucker und Zitronensaft unterziehen.

Backblech einfetten oder mit Backpapier auslegen. Mit zwei feuchten Teelöffeln kleine Teighäufchen auf das Backblech setzen und einige Stunden trocknen lassen. Eiweiß für die Glasur locker schlagen und mit Puderzucker zu einer festen Glasur verrühren.

Mit einem Kochlöffelstiel in die Mitte jeder Makrone eine Vertiefung drücken. Mit einem Teelöffel etwas Eiweißglasur in die Mulde füllen und mit einer Haselnuss krönen. Backofen auf 130–150 °C, Gas Stufe 1, vorheizen und die Haselnussmakronen auf der mittleren Leiste 15–20 Minuten backen.

TIPP:
Um die Haselnüsse zu schälen, einfach 10 Minuten auf dem Blech im 150 °C (Gas Stufe 1) heißen Backofen rösten. Danach lassen sich die Häutchen der Nüsse leicht abreiben.

Die Haselnussmakronen eignen sich hervorragend zum Verschenken. Schachteln und Boxen aus Pappe oder Metall dienen als Verpackung für das Kleingebäck. Wenn man sie noch mit Seidenpapier, Servietten oder Weihnachtspapier auskleidet, erhält man attraktive Geschenke.

Himbeerplätzchen

Zutaten für etwa 50 Stück:
- 3 Eier
- 250 g Zucker
- 4 EL Himbeermarmelade
- 250 g Mehl
- Himbeermarmelade oder Zuckerguss für die Füllung

Backtemperatur:
- vorheizen auf 160–180 °C, Gas Stufe 1–2

Eier mit dem Zucker schaumig rühren. Marmelade und gesiebtes Mehl zugeben und alles glatt rühren.

Backblech mit Backpapier auslegen. Mit zwei Löffeln runde Teighäufchen auf das Backblech setzen, dazwischen die Löffel immer wieder in Wasser tauchen. Plätzchen über Nacht trocknen lassen.

Wenn Sie die Plätzchen mit Himbeermarmelade oder mit Zuckerguss verzieren wollen, vor dem Backen mit einem Kochlöffelstiel kleine Vertiefungen in den Teig drücken und Marmelade mit einem Teelöffel hineinfüllen.

Backofen auf 160–180 °C, Gas Stufe 1–2, vorheizen und die Himbeerplätzchen auf der mittleren Einschubleiste ungefähr 10 Minuten backen. Sie dürfen aber nicht dunkel werden.

Tipps:
Die Plätzchen schmecken allerdings auch wunderbar mit Aprikosen- oder Kirschmarmelade.
Kerne und größere Fruchtstücke in der Marmelade entfernen Sie, indem Sie die Konfitüre erwärmen und durch ein feinmaschiges Sieb streichen.

Himbeerplätzchen sind leicht und locker, sie verbreiten einen feinen Himbeerduft, besonders wenn sie mit Waldhimbeermarmelade gebacken wurden. Mit einem Marmeladetupfer obendrauf schmecken sie noch saftiger und fruchtiger.

Husarenkrapfen

Zutaten für etwa 60 Stück:
- 100 g gemahlene Haselnüsse
- 200 g Butter
- 100 g Zucker
- 2 Eigelb
- Mark einer Vanilleschote
- 1 Prise Salz
- 300 g Mehl
- Puderzucker zum Bestäuben

Für die Füllung:
- 100 g Aprikosenmarmelade
- 2 cl Apricot Brandy
- 100 g Johannisbeergelee

Backtemperatur:
- vorheizen auf 200 °C, Gas Stufe 3

Haselnüsse in einer Pfanne unter Rühren kurz rösten, abkühlen lassen. Butter, Zucker, Eigelb, Vanillemark und Salz miteinander verrühren. Mehl darüber sieben, Haselnüsse zufügen und alles zu einem mürben Teig verkneten.

Teig in Klarsichtfolie packen und für 2 Stunden in den Kühlschrank stellen. Anschließend zwei Rollen zu je 30 cm Länge formen und nochmals 1 Stunde kalt stellen. Beide Rollen in 1 cm dicke Scheiben schneiden. Die eine Hälfte zu kleinen Kugeln rollen, die andere Hälfte oval ausformen.

Plätzchen mit ausreichendem Abstand auf ein ungefettetes Blech setzen. Mit einem Kochlöffelstiel in jede Kugel eine runde Vertiefung drücken. In die ovalen Krapfen eine längliche Vertiefung eindrücken.

Backofen auf 200 °C, Gas Stufe 3, vorheizen und die Husarenkrapfen auf mittlerer Einschubhöhe 12–15 Minuten backen. Nach dem Auskühlen mit Puderzucker bestäuben und füllen.

Hierfür die Aprikosenmarmelade mit dem Apricot Brandy erwärmen, glatt rühren und durch ein Sieb streichen. Johannisbeergelee getrennt erwärmen und ebenfalls glatt rühren. Füllungen in zwei Spritzbeutel mit einer dünnen Lochtülle einfüllen.

Die runden Plätzchen mit Johannisbeergelee füllen, die ovalen mit der Aprikosenmarmelade. Bevor die Krapfen weggepackt werden, muss die Fruchtfüllung etwa zwei Tage trocknen.

Tipp:

Den Puderzucker immer gut verschlossen aufbewahren, da er leicht klumpt, wenn er feucht wird. Wenn Sie ihn vor dem Gebrauch sieben, verschwinden die Klümpchen allerdings ganz schnell.

Ingwerplätzchen

Zutaten für etwa 40 Stück:

- 250 g Puderzucker
- 1 Ei
- 3 Eigelb
- 250 g Mehl
- 1 EL gestoßener Ingwer
- Butter für das Blech

Backtemperatur:

- vorheizen auf 180 °C, Gas Stufe 2

Puderzucker, Eigelb und Ei im Wasserbad zu einem dicken Brei verrühren, vom Feuer nehmen und unter ständigem Rühren erkalten lassen. Diese Creme unter den mit Mehl vermischten Ingwer rühren und alles möglichst schnell verarbeiten.

Den Teig nun auf einer bemehlten Tischplatte ca. 1/2 cm dick ausrollen und wenn möglich mit einer Ingwergebäckform Plätzchen ausstechen.

Den Teig auf einem gefetteten Blech etwa 1 Stunde gehen lassen und dann bei 180 °C ca. 15 Minuten hellgelb backen. Das noch heiße Gebäck vorsichtig vom Blech lösen und einige Tage aufbewahren, denn unmittelbar nach dem Backen sind die Ingwerplätzchen noch sehr hart.

Tipp:
Sie können auch frischen Ingwer verwenden. Am besten kauft man ihn nur in kleinen Mengen, da er schnell austrocknet.

Ingwer, eine der ältesten Kulturpflanzen überhaupt, gelangte von China und Indien über das antike Griechenland und Rom erst im 8. Jahrhundert nach Deutschland und Frankreich. Die Ingwerwurzel dient heute als Grundstoff für feine Parfüms und für die Getränkeherstellung (Ingwerlikör, Ingwerbier, Ingwerwein).

Plätzchen und Kleingebäck

Kokosmakronen und Heidesand

Zutaten für etwa 50 Stück Heidesand:

- 125 g Butter
- 125 g Zucker
- 1 Päckchen Vanillezucker
- 1 TL Backpulver
- 200 g Mehl
- 2 TL Kakao
- 1 Eigelb zum Bestreichen

Backtemperatur:
- vorheizen auf 175–200 °C, Gas Stufe 2–3

Zutaten für etwa 50 Kokosmakronen:

- 300 g Puderzucker
- 3 Eiweiß
- 300 g Kokosflocken
- Schokoladenkuvertüre zum Eintauchen
- 2 EL Kakaopulver zum Bestreuen

Backtemperatur:
- vorheizen auf 160–170 °C, Gas Stufe 1

HEIDESAND

Butter in einem Topf erhitzen, bis sie hellbraun ist. In eine Schüssel gießen, etwas abkühlen lassen und dann mit Zucker und Vanillezucker schaumig rühren. Backpulver und Mehl darüber sieben. Alles gut verkneten.

Masse halbieren und eine Hälfte mit dem Kakao vermengen. Beide Teighälften nochmals gut durchkneten und für 10 Minuten in den Kühlschrank stellen.

Anschließend aus dem hellen Teig eine Rolle formen. Den dunklen Teig zu einer Platte ausrollen. Eigelb verquirlen und den dunklen Teig damit bestreichen. Die dunkle Teigplatte fest um die helle Rolle wickeln und etwa 20 Minuten in das Gefrierfach legen.

Backblech mit Backtrennpapier auslegen. Dünne Scheiben von der Teigrolle schneiden und auf das Backblech legen. Backofen auf 175–200 °C, Gas Stufe 2–3, vorheizen und das Gebäck auf der mittleren Einschubleiste 20 Minuten backen.

KOKOSMAKRONEN

Puderzucker sieben und mit dem Eiweiß schaumig schlagen. Kokosflocken unterheben.

Backblech mit Backpapier auslegen und mit zwei nassen Teelöffeln kleine Teighäufchen darauf setzen. Makronen 2 Stunden trocknen lassen. Backofen auf 160 °C, Gas Stufe 1, vorheizen und die Makronen auf der mittleren Einschubleiste 15–20 Minuten sehr hell backen. Die Oberfläche muss richtig knusprig und das Innere weich sein.

Während die Makronen auskühlen, Kuvertüre im Wasserbad verflüssigen. Makronen mit der Unterseite leicht in die Flüssigkeit tauchen und zum Trocknen auf ein Pralinengitter setzen. Zum Schluss können die Kokosmakronen mit einem Hauch Kakaopulver bestäubt werden.

Tipp:

Achten Sie beim Einkauf auf das Herstellungs- bzw. Haltbarkeitsdatum der Kokosflocken, denn sie schmecken sehr schnell ranzig.

40 Plätzchen und Kleingebäck

Lübecker Marzipan

Zutaten für etwa 40 Stück:
- 250 g geschälte süße Mandeln
- 25 g geschälte Bitter-Mandeln
- 250 g Puderzucker
- 3 EL Rosenwasser

◼ Die abgezogenen, trockenen Mandeln werden zweimal durch die Mandelmühle gedreht oder in der Küchenmaschine so fein wie möglich zerrieben (man kann Mandeln auch bereits fertig gerieben kaufen).

◼ Die Mandeln nun gut mit dem Puderzucker und dem Rosenwasser auf dem Backbrett verkneten, bis eine glatte Masse entsteht. Auf Puderzucker ausgerollt, können nun beliebige Formen ausgestochen werden, die man im Backofen bei offener Tür oder an der Luft trocknen lässt.

◼ Eine Glasur mit Puderzucker oder lustige Verzierungen können ganz nach Laune und Fantasie den Marzipangenuss vervollkommnen.

Tipp:
Roh verzehrt sind Bittermandeln giftig, denn sie enthalten Blausäure, die sich erst beim Backen oder Trocknen verflüchtigt.

Marzipan ist ein seit Jahrhunderten bekanntes und beliebtes Konfekt. Es stammt aus dem Orient, höchstwahrscheinlich aus Persien, wo es aus Mandeln, Zucker und Öl zubereitet wurde. Seit der Zeit der Kreuzzüge ist Marzipan in ganz Europa verbreitet und wird in Lübeck seit 1407 hergestellt.

42 Plätzchen und Kleingebäck

Mandelmakronen

Zutaten für etwa 50 Stück:
- 200 g süße Mandeln
- 10 Stck geschälte Bittermandeln
- 500 g Puderzucker
- 2 Eiweiß
- 50 g Puderzucker zum Bestreuen

Backtemperatur:
- vorheizen auf 120 °C, Gas Stufe 1

Variante:
- 4 Eiweiß
- 250 g süße geriebene Mandeln
- 250 g Puderzucker
- 2 Tropfen Bittermandelöl
- 1/2 TL Zitronensaft
- 30 g Mandelblättchen

Backtemperatur:
- vorheizen auf 120 °C, Gas Stufe 1

>

Die getrockneten Mandeln werden sehr fein gemahlen und mit Eiweiß und Zucker zu einem Teig verknetet. Aus diesem Teig formt man nussgroße Kugeln, die auf ein mit Alufolie belegtes Blech gesetzt werden.

Die Mandelmakronen bei möglichst geringer Backhitze (100 °C) ca. 20 Minuten mehr trocknen als backen und noch heiß mit Puderzucker bestäuben.

Tipp:
Wenn Ihnen das Schälen der Mandeln zu arbeitsaufwändig ist, kaufen Sie doch fertig geschälte Mandeln im Lebensmittelgeschäft.

Mandelmakronen müssen auf der Zunge zergehen. Sie gehören nämlich zu jenen feinen Schleckereien, die aus Italien und Frankreich zu uns gekommen sind. Eine italienische Spezialität sind die Amaretti, die als Urahnen der Makronen gelten.

VARIANTE

Für die französische Variante wird zunächst nur 1 Eiweiß mit Mandeln und Zucker auf geringer Flamme gerührt, bis sich die Masse zu einem Kloß verbindet. Dann vom Feuer nehmen und erkalten lassen. Die restlichen Eiweiße nun zu steifem Schnee schlagen und das Mandelöl unterrühren.

Je drei nussgroße Kugeln werden zu einer Makrone geformt und auf Alufolie bei 130 °C ca. 40 Minuten gebacken. Zur Verfeinerung des Geschmacks können die Makronen vor dem Backen noch mit Mandelblättchen verziert werden.

Tipp:
Eischnee wird besonders feinporig und fest, wenn Sie folgende Regeln beachten: Immer saubere Quirle und Schüsseln benutzen. Das Eiweiß muss ganz klar vom Eigelb getrennt werden, schon ein Tropfen Eigelb verhindert das Festwerden des Eischnees. Eine Prise Salz fördert die Festigkeit.

Nürnberger Lebkuchen

Zutaten für etwa 15 Stück:

- 150 g Honig
- 50 g Butter
- 50 g Zucker
- 2 EL Wasser
- 1 Eigelb
- abgeriebene Schale von 1/2 unbehandelten Zitrone
- 1 EL Kakao
- 1 TL Zimt
- 1 Messerspitze Nelkenpulver und Kardamom
- 250 g Mehl
- 2 TL Backpulver
- 150 g gemahlene Mandeln oder Haselnüsse
- 50 g gehackte Korinthen
- 50 g Zitronatwürfel
- Mehl für das Blech
- 125 g Puderzucker für die Glasur
- 1 Eiweiß für die Glasur

Backtemperatur:
- vorheizen auf 180 °C, Gas Stufe 2

Honig, Butter, Zucker und Wasser bei mittlerer Hitze langsam auf dem Herd zerlassen, dann in eine Schüssel geben und kalt stellen.

Noch lauwarm Eigelb, Zitronenschale, Kakao, Gewürze und 2/3 des mit Backpulver vermischten Mehls hinzugeben. Nun erst die Mandeln oder Nüsse, Korinthen und Zitronat sowie das restliche Mehl einrühren.

Auf dem bemehlten Blech einen glatten Teig kneten, etwa fingerdick ausrollen und runde oder eckige Formen ausstechen. Im vorgeheiztem Ofen bei 180 °C auf einem gut gefetteten Backblech ca. 20 Minuten backen.

Anschließend den Puderzucker mit dem Eiweiß und einigen Tropfen Wasser verrühren und die Lebkuchen dünn damit bestreichen.

Tipp:
Honig zum Backen muss nicht von erlesener Qualität sein, weil nämlich die wertvollen Inhaltsstoffe durch die Hitze verloren gehen. Sie können also ruhig einen preiswerten, geschmacksintensiven Honig wählen.

Lebkuchen zählen zu den ältesten, bekanntesten und beliebtesten Weihnachtsbäckereien. Vor 400 Jahren, als noch vornehmlich Honig zum Süßen verwendet wurde, gehörten sie zu den ausgesprochen raren und teuren Backwaren. Die bekanntesten Lebkuchenrezepte findet man in Nürnberg, das für seinen Honig und seinen Weihnachtsmarkt weit über die Grenzen Deutschlands hinaus bekannt ist.

… Plätzchen und Kleingebäck

Nusshütchen

Zutaten für etwa 60 Stück:
- 100 g Haferflocken
- 3 Eiweiß
- 150 g Zucker
- 1 EL Vanillezucker
- 100 g gemahlene Walnüsse
- 1 EL Zitronensaft
- 1 TL abgeriebene unbehandelte Zitronenschale
- kleine, runde Oblaten

Backtemperatur:
- vorheizen auf 180 °C, Gas Stufe 2

Haferflocken in einer Pfanne ohne Fett leicht rösten und erkalten lassen. Das gut gekühlte Eiweiß mit 1 Esslöffel Zucker schaumig schlagen. Restlichen Zucker und Vanillezucker hinzufügen. Die Masse weiterschlagen, bis sie fest wird.

Haferflocken, Walnüsse, Zitronensaft und Zitronenschale unterziehen. Mit zwei in Wasser getauchten Teelöffeln kleine Teighäufchen auf die Oblaten setzen.

Backofen auf 180 °C, Gas Stufe 2, vorheizen und die Nusshütchen auf der mittleren Einschubleiste 10 Minuten backen. Sie müssen gut auskühlen und einige Tage offen stehen, bevor sie verpackt werden können.

Tipp:
Statt der abgeriebenen Zitronenschale können Sie auch einige Tropfen natürliches Zitronen-Aromaöl nehmen, das es im Naturkostladen oder in der Apotheke gibt. Es sollte sich dabei um natürliches, nicht synthetisches Aromaöl handeln.

Pfeffertaler

Zutaten je nach Model für etwa 60–80 Stück:

- 6 **Eigelb**
- 580 g **Zucker**
- 5 **Eiweiß**
- 100 g **geschälte, geriebene Mandeln**
- 40 g **fein gehacktes Orangeat**
- 80 g **fein gehacktes Zitronat**
- 3 TL **gemahlener Zimt**
- 1 TL **gemahlene Nelken**
- 1 EL **gemahlener Kardamom**
- 1 **Messerspitze weißer Pfeffer**
- 640 g **Mehl**

Backtemperatur:
- vorheizen auf 140 °C, Gas Stufe 1

Eigelb mit Zucker schaumig rühren, bis die Masse hell wird. Eiweiß steif schlagen und unterziehen. Mandeln, Orangeat, Zitronat und Gewürze zufügen und vermengen.

Mehl sieben. Eine Hälfte des Mehls nach und nach unterrühren. Die andere Hälfte auf ein Backbrett schütten und mit der Teigmasse verkneten. Eine Kugel aus dem Teig formen und zugedeckt mindestens 1 Stunde ruhen lassen.

Teig 1 cm dick ausrollen. Kleine Teigflecken abschneiden und in ein Holzmodel drücken oder runde Taler ausstechen. Plätzchen auf ein mit Backpapier ausgelegtes Blech setzen und über Nacht in einem kühlen Raum trocknen lassen.

Am anderen Tag den Backofen auf 140 °C, Gas Stufe 1, vorheizen und auf der mittleren Schiene erst einige Probeplätzchen backen. Wenn sich kein Füßchen bildet, sind sie zu trocken geworden und müssen auf der Unterseite befeuchtet werden.

Tipp:
Bevor die Pfeffertaler zum Lagern eingepackt werden, sollten sie einige Tage offen liegen bleiben, damit sie mürb werden.

Schon im 11. Jahrhundert, so wird vom Kloster Tegernsee berichtet, wurden dort *pheforceltum*, also Pfefferzelten gebacken. Damals wurden einfach alle Gewürze nach dem wertvollen Pfeffer benannt. Unsere Pfeffertaler verdanken ihren Namen also nicht unbedingt dem Hauch weißem Pfeffer in diesem Rezept, sondern vielmehr den vielen fremden Gewürzen, die ihnen Duft und Aroma verleihen.

50 Plätzchen und Kleingebäck

Pinienplätzchen

Zutaten für etwa 40 Stück:

- 200 g Mehl
- 150 g Butter
- 80 g Zucker
- 1 Beutel Orangenschalenaroma
- 1 EL Vanillezucker
- 60 g fein gehackte Pinienkerne
- 2 Eigelb zum Bestreichen
- 40 g Pinienkerne zum Garnieren

Backtemperatur:
- vorheizen auf 180 °C, Gas Stufe 2

Mehl, Butter, Zucker, Orangenschalenaroma, Vanillezucker und gehackte Pinienkerne zu einem geschmeidigen Teig verkneten. In Frischhaltefolie wickeln und 1 Stunde kühl stellen.

Den Teig 3–5 mm dick ausrollen. Taler von 3–4 cm Durchmesser ausstechen und auf ein mit Backpapier ausgelegtes Backblech setzen. Mit verquirltem Eigelb bestreichen und mit gehackten Pinienkernen garnieren.

Im vorgeheizten Backofen, mittlere Schiene, bei 180 °C, Gas Stufe 2, etwa 12 Minuten backen.

Tipp:
Sollten Sie keinen echten Vanillezucker bekommen, mischen Sie einfach feinen Kristallzucker mit dem ausgeschabten Mark einer Vanilleschote.

Spitzbuben und Pomeranzenlaibchen

Zutaten für etwa 50 Spitzbuben:

- 400 g **Mehl**
- 200 g **Butter**
- 3 **Eigelb**
- 100 g **Zucker**
- 1 **Päckchen Vanillezucker**
- 50 **geriebene Haselnüsse**
- **abgeriebene Zitronenschale**
- **Butter und Mehl für das Blech**
- ½ **Tasse Himbeergelee**
- **Saft von 1 Zitrone**
- ½ **Tasse Puderzucker**

Backtemperatur:
- vorheizen auf 200 °C, Gas Stufe 3

Zutaten für etwa 100 Laibchen:

- 4 **Eier**
- 340 g **Zucker**
- **abgeriebene Zitronen- und Orangenschale**
- 400 g **Mehl**
- 100 g **fein gehacktes Orangeat**
- 40 g **fein gehacktes Zitronat**
- **Schokoladenkuvertüre zum Verzieren**
- **Butter und Mehl für das Blech**

Backtemperatur:
- vorheizen auf 160 °C,

SPITZBUBEN

Mehl auf Backbrett sieben und kalte Butter in kleinen Flöckchen darauf verteilen. Vertiefung ins Mehl drücken. Eigelb, Zucker, Vanillezucker, geriebene Nüsse und Zitronenschale hineingeben. Alles mit einem Messer durchhacken. Schnell durchkneten, zu einer Teigkugel formen. In Pergamentpapier oder Klarsichtfolie packen, etwa 2 Stunden im Kühlschrank ruhen lassen.

Backblech mit Butter bestreichen und mit Mehl bestäuben. Teig etwa ½ cm dick ausrollen. Mit Förmchen Plätzchen und ebenso viele Ringe ausstechen.

Backofen auf 200 °C, Gas Stufe 3, vorheizen, das Gebäck auf der mittleren Leiste 10 Minuten goldgelb backen. Auskühlen lassen. Zitronensaft mit Gelee verrühren und auf die Plätzchen streichen. Ringe mit Puderzucker bestäuben und auf die Plätzchen setzen. Öffnungen mit dem restlichen Gelee auffüllen.

POMERANZENLAIBCHEN

Eier mit Zucker schaumig rühren. Abgeriebene Orangen- und Zitronenschale dazugeben, Mehl darüber sieben und alles mit dem Knethaken des Handrührgerätes zu einem geschmeidigen Teig verarbeiten.

Fein gehacktes Orangeat und Zitronat dazugeben. Teig eine Weile ruhen lassen. Backofen auf 160 °C, Gas Stufe 1, vorheizen. Blech einfetten und mit Mehl bestäuben. Teigmasse in eine Spritztüte füllen und durch eine große Lochtülle etwa 5 cm lange Laibchen auf das Backblech spritzen.

Im Backofen auf mittlerer Einschubhöhe etwa 12 Minuten goldgelb backen. Auf einem Kuchengitter vollständig abkühlen lassen.

Die Kuvertüre im Wasserbad verflüssigen und in ein spitz gewickeltes Pergamenttütchen füllen. Die Spitze abreißen. Durch das kleine Loch werden die Laibchen mit dünnen Schokofäden verziert.

Plätzchen und Kleingebäck

Spekulatius

Zutaten für etwa 80 Stück:

- 500 g Mehl
- 1 TL Backpulver
- 250 g Zucker
- 2 Päckchen Vanillezucker
- 1/2 TL Zimt
- 1 Messerspitze Nelken
- 1 Messerspitze Kardamom
- 1 TL Kakao
- abgeriebene Schale von 1/2 unbehandelten Zitrone
- 2 Eier
- 150 g geriebene Mandeln
- 250 g Butter
- Butter und Mehl für das Blech

Backtemperatur:
- vorheizen auf 180 °C, Gas Stufe 2

Tipp:
Anstelle der einzelnen Gewürze können Sie auch 1 gehäuften Teelöffel fertig gemischtes Spekulatiusgewürz nehmen.

Mehl und Backpulver mischen, auf ein Backbrett sieben und in die Mitte eine Vertiefung drücken, in die Zucker, Vanillezucker, die Gewürze, Kakao, Zitronenschale und die Eier hineingegeben werden.

Das Ganze mit etwas Mehl zu einem Brei vermischen, in den man die geriebenen Mandeln und die klein geschnittene Butter gibt. Nun alles schnell zu einem geschmeidigen Teig verkneten, den man ca. 30 Minuten kühl ruhen lassen sollte, dann messerrückendick ausrollt und beliebige Formen aussticht.

Natürlich ist es hübscher, wenn man Spekulatiusformen zur Hand hat, die man bemehlt in den Teig drückt. Die Plätzchen sollten auf einem gefetteten und bemehlten Blech bei 180 °C ca. 15 Minuten gebacken werden.

Spekulatius darf auf keinem bunten Weihnachtsteller fehlen. Dieses traditionelle Weihnachtsgebäck, das ursprünglich aus Holland stammt, kennen wir seit über 200 Jahren. Ursprünglich formte man den Spekulatius durch Eindrücken in Holzformen mit geschnitzten Figuren. Wenn man ein wenig danach sucht, kann man solche „Holzmodel" auch heute noch bekommen.

Schokolebkuchen

Zutaten für etwa 40 Stück:

- 350 g Zucker
- 5 Eier
- 300 g gemahlene Haselnüsse
- 150 g Mehl
- 60 g fein gewürfeltes Zitronat
- 60 g fein gewürfeltes Orangeat
- 60 g Kakao
- 2 TL gemahlener Zimt
- 1/4 TL gemahlene Nelken
- 1/4 TL gemahlenes Piment
- rechteckige Oblaten

Zum Verzieren:

- 2 Eiweiß
- 1 TL Zitronensaft
- 100 g Puderzucker
- ganze Haselnüsse

Backtemperatur:

- vorheizen auf 180 °C, Gas Stufe 2

Zucker und Eier in einer Schüssel im Wasserbad schaumig rühren. Schüssel vom Wasserbad nehmen und weiterschlagen, bis die Masse wieder abgekühlt ist. Haselnüsse mit Mehl, Zitronat, Orangeat, Kakao und Gewürzen mischen und unter die Zucker-Ei-Masse heben.

Oblaten diagonal durchschneiden. Teig mit zwei feuchten Löffeln auf die Oblaten geben. Mit einem feuchten Messer oder einer Palette schräg zur Mitte glatt streichen. Lebkuchen über Nacht trocknen lassen.

Am nächsten Tag den Backofen auf 180 °C, Gas Stufe 2, vorheizen und die Lebkuchen auf der mittleren Schiene 10 Minuten backen. Herausnehmen und etwas abkühlen lassen.

Zum Verzieren aus Eiweiß, Zitronensaft und Puderzucker eine steife Baisermasse schlagen. Die Masse in einen Spritzbeutel mit kleiner Sterntülle füllen und auf jeden Lebkuchen eine Rosette spritzen. Zum Schluss mit einer Haselnuss krönen. Den Backofen auf 140 °C, Gas Stufe 1, vorheizen und die Schokolebkuchen in 10–15 Minuten fertigbacken.

Tipp:
Geben Sie immer eine kleine Prise Salz an süßen Teig. Durch den Kontrast von leicht salzig und süß erhalten Kuchen und Plätzchen insgesamt einen sehr ausgeprägten Geschmack.

Plätzchen und Kleingebäck

Schokotrüffel

Zutaten für etwa 35–40 Stück:
- 120 g **Vollmilchkuvertüre**
- 120 g **Halbbitterkuvertüre**
- 40 g **Haselnusskrokant**
- 100 g **Sahne**
- 60 g **Butter**
- 50 g **Haselnussnougat**
- 600 g **Vollmilchkuvertüre zum Überziehen**

Zum Wälzen:
- **Kokosraspeln**
- **Kakaopulver**
- **Schokoladenstreusel**
- **Haselnusskrokant**

▪ Vollmilch- und Halbbitterkuvertüre klein hacken. Haselnusskrokant fein zerstoßen. Dazu wird er in einen Frischhaltebeutel gepackt und mit dem Nudelholz gerollt.

▪ In einem Topf Sahne bis zum Kochen erhitzen. Butter einrühren und Topf vom Herd nehmen. Kuvertürenbrösel in der Flüssigkeit auflösen. Nougat zugeben und alles glatt rühren. Zuletzt zerstoßenen Krokant einrühren.

▪ Konfektmasse 1 cm hoch auf Frischhaltefolie streichen. Mit einer zweiten Frischhaltefolie abdecken und 1 Tag in einem kühlen Raum stehen lassen. In etwa 2 x 2 cm große Würfel zerteilen und mit den Händen zu Kugeln formen. Falls die Hände zu warm sind, mit ein wenig Puderzucker bestäuben und verreiben.

▪ Kugeln auf Backpapier legen. Die Vollmilchkuvertüre im Wasserbad verflüssigen, Schokoladenkugeln auf Pralinen- oder Kuchengabeln aufspießen und in die Kuvertüre tauchen.

▪ Die Trüffeln dann in Kokosraspeln, Kakaopulver, Schokoladenstreuseln oder Haselnusskrokant wälzen. Auf einem Pralinengitter fest werden lassen und in Papierförmchen präsentieren.

Aus der Kakaobohne werden nach Reinigung, Gärung, mildem Rösten und Mahlen Kakaobutter und Kakaopulver, die Ausgangsstoffe für Schokolade und Schokoladenkuvertüre.

Schwarz-Weiß-Gebäck

Zutaten für etwa 80 Stück:
- 300 g Butter
- 150 g Puderzucker
- Mark von 1/2 Vanilleschote
- 1 Messerspitze Salz
- 400 g Mehl
- 40 g Kakao
- 1 Eigelb zum Bestreichen
- etwas Milch zum Bestreichen

Backtemperatur:
- vorheizen auf 170 °C, Gas Stufe 2

Butter, Puderzucker, Vanillemark und Salz cremig rühren. Mehl darüber sieben und einkneten. Teig sofort teilen. Eine Hälfte glatt kneten, zur Kugel formen und in Folie verpackt kalt stellen. Über die andere Hälfte Kakao sieben und einarbeiten. Dunklen Teig zur Kugel formen, in Folie wickeln und kalt stellen.

Schwarz-Weiß-Gebäck erfordert exaktes Auswellen der Teigstreifen. Damit die Kanten gerade werden, können 1 cm starke Holz- oder Metallleisten als Abstandhalter an den Seiten angelegt werden. Man kann verschiedene Muster herstellen.

Schwarz-weiße Rolle:

Schwarzen und weißen Teig auf bemehltem Pergamentpapier zu gleich großen Platten ausrollen. Beide Teigplatten übereinander legen und fest aufwickeln. In Pergament einschlagen und über Nacht kalt stellen. Am nächsten Tag mit einem Messer Scheiben abschneiden.

Schachbrettmuster:

Vom weißen Teig 1 Hand voll abnehmen und beiseite stellen. Beide Teige zu einem Rechteck formen. Je eine 1 cm dicke schwarze und weiße Teigplatte ausrollen. Mit einem Messer Teigplatten in 1 cm breite Streifen schneiden. Eigelb mit Milch verquirlen und den Teig damit bestreichen. Schwarze und weiße Streifen abwechselnd nebeneinander und übereinander legen. Restlichen weißen Teig 2–3 mm dünn auswellen. Schwarz-weiße Teigstangen außen ebenfalls mit verquirltem Ei bepinseln. Auf die weiße Platte legen und darin einschlagen. Über Nacht kalt stellen.

Teigstange mit einem Messer in 1 cm dicke Scheiben schneiden. Backofen auf 170 °C, Gas Stufe 2, vorheizen. Schwarz-Weiß-Gebäck mit ausreichend großem Abstand auf ein ungefettetes Blech setzen. Im oberen Backofendrittel in 10–14 Minuten hell backen.

Tipp:

Ein Spiralmuster entsteht, wenn Sie jeweils eine mit Eiweiß bestrichene dunkle und helle Teigplatte übereinander legen und aufrollen. Die Rolle 1 Stunde kühl stellen, dann lässt sie sich gut schneiden.

Springerle

Zutaten je nach Model für etwa 30–60 Stück:

- 4 Eier
- 500 g Zucker
- abgeriebene Schale von ¼ unbehandelten Zitrone
- 500 g Mehl
- 1 Messerspitze Hirschhornsalz
- Anis für das Blech

Backtemperatur:

- vorheizen auf 160 °C, Gas Stufe 1

Tipp:
Wenn Sie die Springerle fantasievoll mit Speisefarbe bemalen und mit einem Loch zum Aufhängen versehen, erhalten Sie einen hübschen Weihnachtsbaumschmuck.

Eier trennen und Eiweiß steif schlagen. Zucker und Eigelb in das Eiweiß rühren, bis eine homogene Masse entstanden ist. Zitronenschale, Mehl und Hirschhornsalz unterrühren.

Auf einem Backbrett zu einem geschmeidigen Teig verkneten. Eine Teigkugel formen und zugedeckt 1 Stunde kalt stellen. Model mit etwas Mehl bestäuben und in den Teig drücken. Model abheben, die Form ausschneiden und die Springerle auf das mit Aniskörnern bestreute Blech legen.

Das Gebäck über Nacht gut abtrocknen lassen. Am nächsten Tag den Backofen auf 160 °C, Gas Stufe 1, vorheizen und die Springerle auf der mittleren Schiene backen. In den ersten 20 Minuten die Backofentür einen Spalt offen lassen. Den Backofen dann schließen und die Springerle fertig backen, bis der Boden goldgelb, die Oberfläche aber noch weiß ist.

Die Springerle nach dem Backen mit einer weichen Bürste vom anhaftenden Mehl befreien und einige Tage offen stehen lassen, damit sie weich werden.

Thorner Kathrinchen

Zutaten für etwa 20 Stück:
- 250 g Honig
- 100 g Zucker
- 100 g Butter
- 2 Eier
- 1 TL Zimt
- 1 Messerspitze Nelkenpulver
- 1 Messerspitze Ingwer
- 1 Messerspitze Kardamom
- 3 Tropfen Bittermandelöl
- 500 g Mehl
- 1 TL Hirschhornsalz
- 1 TL Pottasche
- Mehl für das Blech

Backtemperatur:
- vorheizen auf 160–180 °C, Gas Stufe 1–2

Honig mit Butter und Zucker kurz aufkochen, vom Herd nehmen und abkühlen lassen. Die Eier mit den Gewürzen schaumig schlagen und mit der Honigmasse vermischen.

Nun das Mehl mit den zuvor in wenig Wasser gelösten Treibmitteln portionsweise hinzufügen und alles gut miteinander vermengen. Das Ganze gut 12 Stunden zugedeckt warm stehen lassen.

Danach den Teig etwa 1–2 cm dick ausrollen, mit einer Kathrinchenform ausstechen und mit genügendem Abstand auf ein bemehltes Blech legen. Bei 180 °C, Gas Stufe 2, ca. 20 Minuten backen, bis die Kathrinchen hellbraun sind.

Vanillekipferl

Zutaten für etwa 50 Stück:
- 100 g gemahlene Mandeln
- 280 g Mehl
- 90 g Zucker für den Teig
- 1 Messerspitze Salz
- Mark von 1 Vanilleschote
- 200 g Butter
- 2 Eigelb

Zum Wälzen:
- 1 Vanilleschote
- 150 g Zucker

Backtemperatur:
- vorheizen auf 190 °C, Gas Stufe 2–3

Tipp:
Sie können gleich doppelte Portionen backen, denn die Vanillekipferl lassen sich 2–3 Wochen aufbewahren.

Vanilleschote längs aufritzen und Mark herauskratzen. Zucker mit Schote und Mark in einem verschlossenen Glas 3 Tage aromatisieren.

Mandeln, Mehl, Zucker, Salz und Vanillemark auf die Arbeitsplatte geben und Butter in Flöckchen darauf verteilen. Mit einem großen Küchenmesser durchhacken. Eigelb dazugeben und alles zu einem glatten Teig kneten. Teig in Klarsichtfolie wickeln und über Nacht in den Kühlschrank legen.

Am nächsten Tag aus dem Teig eine Rolle formen und in etwa 50 gleich große Stücke schneiden. Aus den Stücken spitz zulaufende Stäbchen rollen und zu Hörnchen biegen.

Backofen auf 190 °C, Gas Stufe 2–3, vorheizen. Kipferl auf einem ungefetteten Blech auf der mittleren Einschubleiste 12 Minuten backen. Anschließend noch warm vorsichtig im vorbereiteten Vanillezucker wälzen.

Die Kipferl sind eines der zartesten Geschenke der altösterreichischen Patisserie. Aber bitt schön: Nehmen S' nur echte Vanille für diese hauchzarte Köstlichkeit.

Zimtsterne

Zutaten für etwa 60–80 Stück:
- 6 Eiweiß
- 500 g Puderzucker
- 500 g ungeschälte gemahlene Mandeln
- 2–3 TL gemahlener Zimt
- 200 g gemahlene Mandeln für die Arbeitsfläche
- Butter für das Blech

Backtemperatur:
- vorheizen auf 160 °C, Gas Stufe 1

■ Eiweiß und Puderzucker mit dem Mixer oder mit der Küchenmaschine zu sehr festem Schnee schlagen. Vom Eischnee die Menge einer großen Tasse abnehmen und für die Glasur aufbewahren.

■ Auf der Arbeitsplatte gemahlene Mandeln mit dem Zimt vermischen und zusammen mit dem Eischnee zu einem geschmeidigen Teig verarbeiten. Arbeitsfläche dünn mit gemahlenen Mandeln bestreuen und den Teig darauf etwa 1 cm dick ausrollen. Wenn Sie den Teig dazu zwischen Frischhaltefolie legen, klebt er nicht fest. Mit Hilfe von zwei gleich dicken Leisten als Abstandhalter wird die ausgerollte Teigplatte gleichmäßig dick.

■ Ausgerollte Teigplatte mit dem zurückbehaltenen Eischnee bestreichen. Mit einem Sternförmchen, das zwischendurch immer wieder in kaltes Wasser getaucht wird, Sterne ausstechen und auf ein gefettetes Blech setzen.

■ Übrig gebliebenen Teig mit etwas gemahlenen Mandeln wieder zusammenkneten und erneut auswellen, mit Eischnee glasieren und ausstechen. Die Zimtsterne sollen möglichst über Nacht trocknen.

■ Backofen auf 160 °C, Gas Stufe 1, vorheizen und die Zimtsterne auf der mittleren Schiene nur 7–8 Minuten backen, sodass sie schön hell bleiben.

Tipps:
Zimtsterne werden nur bei niedriger Hitze gebacken, damit sich der feine Duft der ätherischen Öle im würzigen Zimt nicht verflüchtigt.
Sie können die Zimtsterne auch mit Haselnüssen zubereiten.
Besonders fein schmecken sie, wenn sie in der Mitte noch ein wenig weich sind.

Zedernbrot und Florentiner

Zutaten für etwa 30 Florentiner:

- 10 g Butter
- 70 g Zucker
- 2 EL Honig
- 125 g Sahne
- abgeriebene Schale von 1 unbehandelten Zitrone
- 1 Prise Salz
- 150 g Mandelblättchen
- 50 g Orangeat und Zitronat
- 100 g Schokoladenfettglasur
- Butter für das Blech
- Mehl für das Blech

Backtemperatur:
- vorheizen auf 190 °C, Gas Stufe 2–3

Zutaten für etwa 40 Zedernbrote:

- 3 Eiweiß
- 350 g Puderzucker
- 2 Päckchen Vanillezucker
- 1 EL Zitronensaft
- abgeriebene Schale von 1 unbehandelten Zitrone
- etwas Bittermandelöl
- 500 g gemahlene Mandeln
- 125 g Puderzucker für den Guss
- 3 EL Zitronensaft oder Kirschwasser für den Guss

Backtemperatur:
- vorheizen auf 150 °C, Gas Stufe 1

FLORENTINER

Butter, Zucker, Honig, Sahne, Zitronenschale und Salz in einen Topf geben und unter Rühren aufkochen lassen. Die Masse dann noch 4–5 Minuten leicht köcheln.

Mandelblättchen und Orangeat dazugeben und den Topf vom Herd nehmen. Florentinerteig esslöffelweise in großen Abständen auf das gefettete und mit Mehl bestäubte Backblech geben. Anschließend den Löffel anfeuchten und die Mandelhäufchen glatt und rund streichen.

Backofen auf 190 °C, Gas Stufe 3, vorheizen und Florentiner auf der mittleren Einschubhöhe 10–15 Minuten backen, bis sie knusprig sind und braun werden. Vom Blech nehmen und auf einem Kuchengitter gut auskühlen lassen.

Die Schokoladenfettglasur verflüssigen. Die Unterseite der Florentiner dick damit bestreichen. Mit einem Garnierkamm Wellenlinien in die Glasur ziehen und fest werden lassen.

ZEDERNBROT

Eiweiß zu steifem Schnee schlagen. Nach und nach Puderzucker und Vanillezucker einrieseln lassen und verrühren. Zitronensaft, Zitronenschale und Bittermandelöl unterrühren.

400 g von den gemahlenen Mandeln in kleinen Portionen einarbeiten, Rest auf ein Backbrett streuen. Teig 6 mm stark ausrollen oder flach drücken. Mit einer Form Halbmonde ausstechen und auf das mit Backpapier ausgelegte Blech legen.

Backofen auf 150 °C, Gas Stufe 1, vorheizen und das Gebäck auf der mittleren Schiene 15–20 Minuten hell backen. Anschließend gut auskühlen lassen.

Inzwischen aus Puderzucker und Zitronensaft oder Kirschwasser einen Guss rühren. Mit einem Backpinsel auf die Monde streichen und trocknen lassen.

Tipp:
Statt des Bittermandelöls können Sie auch einige Bittermandeln zum Teig geben.

Adventszopf

Zutaten:

- 1 Würfel Hefe
- 250 g saure Sahne
- 50 g Zucker
- 450 g Mehl
- 100 g Butter
- 1–2 Eier
- 1 EL Rum
- 50 g Rosinen
- 50 g fein gehackte Mandeln
- 1 Eigelb zum Bestreichen
- Mandelblättchen zum Bestreuen

Backtemperatur:
- vorheizen auf 200 °C, Gas Stufe 2

Die zerbröckelte Hefe mit der erwärmten Sahne und je 2 Teelöffeln Zucker und Mehl zu einem glatten Vorteig kneten. Das restliche Mehl in eine Schüssel oder auf das Backblech geben, eine Vertiefung hineindrücken, den Vorteig hineinfüllen und mit dem Mehl bedecken. Das Ganze nun in der Wärme ca. 1 Stunde gehen lassen.

Die Butter mit den Eiern, Rum, Rosinen, dem restlichen Zucker und den gehackten Mandeln vermengen und den Teig gut durchkneten. Drei gleichmäßig dicke Würste formen, die zu einem geraden oder runden Zopf geflochten werden.

Diesen auf dem Backblech nochmals 30 Minuten gehen lassen, mit dem Eigelb bestreichen und die Mandelblättchen gleichmäßig darauf verteilen. Im vorgeheizten Rohr bei 200 °C, Gas Stufe 2, ca. 40 Minuten backen.

Die alte Sitte des Zopfflechtens gehört zwar der Vergangenheit an. Doch hat sich die Zopfform bis heute als Schmucksymbol oder als Kuchenform erhalten. Denn ein hübsch angerichteter, kunstvoll geflochtener und gebackener Zopf aus Teig ist eben etwas für Auge und Gaumen.

Apfelbrot

Zutaten für 3 Kastenformen:

- **1,5 kg** geschälte, vom Kerngehäuse befreite mürbe Äpfel
- abgeriebene Schale von 1 unbehandelten Zitrone
- **500 g** Zucker
- **250 g** Sultaninen
- **100 g** gewürfeltes Orangeat
- **100 g** gewürfeltes Zitronat
- **250 g** Trockenpflaumen
- **250 g** Trockenaprikosen
- **1 kg** Mehl
- **3** Päckchen Backpulver
- **2 EL** Kakao
- **250 g** ganze Mandeln
- **1** Gläschen Kirschwasser
- **1 TL** Zimt
- **1** Messerspitze gemahlene Nelken, Anis und Kardamom
- Butter für die Form
- Paniermehl für die Form

Backtemperatur:
- vorheizen auf 200 °C, Gas Stufe 3

Äpfel sehr fein schneiden. Mit Zitronenschale, Zucker und Trockenfrüchten in eine Schüssel geben und über Nacht zum Saftziehen stehen lassen.

Am nächsten Tag Mehl mit Backpulver mischen und sieben. Kakao, Mandeln, Kirschwasser, Gewürze und die Obstmasse mit dem Mehl zu einem Teig verkneten. Kastenformen mit Butter einfetten und mit Paniermehl ausstreuen.

Backofen auf 200 °C, Gas Stufe 3, vorheizen. Teig gleichmäßig auf die Formen verteilen und auf der mittleren Einschubleiste 1 Stunde backen.

Tipp:

Besonders hübsch macht sich das Apfelbrot in Cellophan verpackt, mit schönen Bändchen und kleinen Christbaumkugeln dekoriert.

Aachener Printen

Zutaten für etwa 50 Stück:
- 250 g **Zuckerrübensirup**
- 200 g **Zucker**
- 50 g **Butter**
- 500 g **Mehl**
- 15 g **Anis**
- 10 g **Nelkenpulver und Zimt**
- 50 g **gehacktes Orangeat**
- 1 **Messerspitze Kardamom**
- 1 **Päckchen Backpulver**
- **etwas Milch**
- **Hagelzucker**
- **Butter für das Blech**

Backtemperatur:
- **vorheizen auf 180 °C, Gas Stufe 2**

Den Sirup mit Zucker und Butter erhitzen, bis der Zucker geschmolzen ist. Dann bis zur Handwärme abkühlen lassen.

Gewürze und Orangeat hineinrühren, das mit dem Backpulver vermischte Mehl unterheben und alles zu einem glatten Teig verrühren.

Den Teig über Nacht kühl ruhen lassen, dann etwa 5 mm dick ausrollen und in 3 x 8 cm große Rechtecke schneiden. Die Teigstücke mit 2 cm Abstand auf ein gefettetes, mit Mehl bestäubtes Blech legen.

Mit Milch bestreichen, mit Hagelzucker bestreuen und im vorgeheizten Backofen bei 180 °C, Gas Stufe 2, ca. 15 Minuten backen.

Tipp:
Das Gebäck wird in Aachen nicht nur in der Weihnachtszeit verkauft, denn es schmeckt das ganze Jahr lang. Aachener Printen lassen sich gut verschlossen über Monate aufbewahren.

Printen stammen, wie so vieles köstliches Weihnachtsgebäck, vom Niederrhein. Der Begriff leitet sich vom holländischen „prenten" (drucken) ab, denn ursprünglich wurden sie von den zu ihrer Herstellung verwendeten Ton- oder Kupfermodeln „gedruckt". Die Aachener Gewürzprinten sind bis auf den heutigen Tag die bekanntesten ihrer Art.

Stollen und Früchtebrote

Christstollen

Zutaten:

- **175 g** Sultaninen
- **6 EL** Rum
- **500 g** Mehl
- **40 g** Hefe
- **75 g** Zucker
- **1/8 Liter** Milch
- abgeriebene Schale von 2 unbehandelten Zitronen
- **150 g** Butter
- **2** Eigelb
- **1 TL** Salz
- **50 g** Zitronat
- **50 g** Orangeat
- **75 g** gehackte Mandeln
- **2** Messerspitzen geriebene Muskatnuss
- **2** Messerspitzen Nelkenpulver
- **2** Messerspitzen Kardamom
- **2** Messerspitzen Zimt
- Butter für das Blech
- **100 g** Butter zum Bestreichen
- **100 g** Puderzucker zum Bestreuen

Backtemperatur:
- vorheizen auf 170–180 °C, Gas Stufe 2

Die Sultaninen im Rum einweichen. 375 g Mehl in eine Schüssel sieben, eine Vertiefung hineindrücken. Die Hefe hineinbröckeln, mit 1 Teelöffel Zucker bestreuen, mit der Hälfte der Milch begießen und einen Brei rühren. Zugedeckt etwa 20 Minuten an einem warmen Ort stehen lassen, damit der Vorteig aufgeht.

Die Zitronen warm abwaschen, trockenreiben, die Schale abreiben und beiseite stellen. Es werden 2 bis 3 Teelöffel davon benötigt. Den restlichen Zucker und die weiche Butter zufügen. Eigelb, Salz und die restliche Milch mit dem Rührgerät etwa 5 Minuten gut schlagen und ebenfalls zum Teig geben. Dann Zitronat, Orangeat, Mandeln und die eingeweichten Sultaninen zufügen. Mit Muskatnuss, Nelken, Kardamom, Zimt und Zitronenschale abschmecken und das restliche Mehl zufügen.

Gut durchkneten, wieder in die Schüssel geben, zudecken und nochmals 20–30 Minuten gehen lassen. Den Teig zu einem größeren oder zwei kleineren Stollen mit der typischen Längskerbe formen, auf ein gefettetes Backblech geben und auf dem Blech nochmals etwa 20 Minuten gehen lassen. Den Ofen auf 170–180 °C, Gas Stufe 2, vorheizen und den Stollen ca.1 Stunde backen.

Die Butter in einem Topf leicht erwärmen und flüssig werden lassen. Mit einem Pinsel auf dem noch heißen Stollen verstreichen, sodass er die Butter richtig aufsaugen kann. Nach Geschmack mehr oder weniger dick mit Puderzucker bestreuen.

Tipps:
Die Zutaten für Hefeteige sollten immer leicht temperiert, also handwarm sein.
Die Sultaninen am besten bereits am Vortag mit dem Rum übergießen und ziehen lassen.

Dies ist sozusagen die kleinere Ausgabe der berühmten Dresdner Christstollen, die in der Regel gleich im großen Stil gebacken werden – mindestens etwa fünf Stück auf einmal. Meister dieses Fachs versichern stets, man brauche Jahre, ehe die Stollen den eigenen hohen Ansprüchen und denen der anspruchsvollen Kundschaft genügen. Es komme besonders auf die Krume an, sie müsse einfach gut durchgebacken sein. Die Kruste sei zweitrangig, was angesichts der Nachbehandlung mit flüssiger Butter und Puderzucker auch verständlich ist. Also, frisch ans Werk, mit der nötigen Geduld!

Stollen und Früchtebrote

Dresdner Stollen

Zutaten:

- 1 kg Mehl
- 100 g Hefe
- 200 g Zucker
- ½ Liter Milch
- 450 g Butter
- abgeriebene Schale von 1 unbehandelten Zitrone
- ½ TL Kardamom
- ½ TL Muskat
- 10 g Salz
- 500 g Rosinen
- 100 g gehacktes Zitronat
- 100 g gehacktes Orangeat
- 150 g gehackte Mandeln
- 30 g gehackte Bittermandeln
- Butter für das Blech
- 100 g Butter zum Bestreichen
- 125 g Puderzucker zum Bestreuen
- 2 Päckchen Vanillezucker

Backtemperatur:

- vorheizen auf 180–200 °C, Gas Stufe 2–3

Zunächst den Vorteig zubereiten: Etwas Mehl mit zerbröckelter Hefe, 2 Teelöffeln Zucker und etwas Milch verrühren. Zugedeckt an einem warmen Ort ca. 45 Minuten gehen lassen.

Nun das restliche Mehl und die restliche Milch mit Zucker, warmer Butter, Zitronenschale, Gewürzen und Salz vermengen und kräftig verrühren. Gebrühte und getrocknete Rosinen, Zitronat, Orangeat und Mandeln hineinkneten. Den Teig zu einer Kugel formen und wiederum ca. 45 Minuten gehen lassen.

Danach nochmals kräftig durchkneten, zum Stollen formen und ein letztes Mal 30 Minuten gehen lassen. Auf einem gefetteten Backblech bei 200 °C, Gas Stufe 3, ca. 80 Minuten backen. Noch heiß mit zerlassener Butter bepinseln und mit einer Mischung aus Puderzucker und Vanillezucker bestreuen.

Der Stollen ist eigentlich ein christliches Ursymbol: Er soll die Wiege darstellen, in die das Christkind gelegt wurde. Die Wiege des heutigen Stollens stand allerdings nicht in Bethlehem, sondern in Sachsen. Natürlich gibt es ihn in den verschiedensten Variationen und unter anderen Namen auch in anderen Regionen Deutschlands. Doch ist der Dresdner Stollen der berühmteste.

Tipp:

Den Stollen mindestens zwei Wochen vor dem Verzehren backen – er schmeckt abgelagert einfach besser.

Stollen und Früchtebrote

Hutzelbrot

Zutaten für 1–2 Brote:

- 250 g **Rosinen**
- 125 g **getrocknete und gewürfelte Aprikosen**
- 125 g **Korinthen**
- 250 g **Haselnüsse**
- 50 g **gewürfeltes Zitronat**
- 50 g **gewürfeltes Orangeat**
- 8 EL **Zwetschgenwasser**
- 250 g **getrocknete Birnen**
- 250 g **getrocknete entsteinte Pflaumen**
- 250 g **entsteinte Datteln**
- 250 g **Zucker**
- ½ Liter **Wasser**
- 50 g **Hefe**
- 250 g **Mehl**
- 1 EL **Zimt**
- 1 EL **Aniskörner**
- 1 **Messerspitze gemahlene Nelken**
- 1 **Messerspitze Ingwerpulver**
- 1 **Messerspitze Kardamom**
- **Butter für das Blech**

Backtemperatur:
- **vorheizen auf 200 °C, Gas Stufe 3**

Rosinen, getrocknete Aprikosen und Korinthen waschen. Trockenfrüchte zusammen mit ganzen Nüssen, Zitronat und Orangeat in einer Schüssel mit Zwetschgenwasser übergießen und über Nacht ziehen lassen.

Am nächsten Tag getrocknete Birnen, Pflaumen und Datteln in Würfel schneiden. Mit Zucker und ½ Liter Wasser aufkochen. Damit die Früchte nicht zerfallen, sofort nach dem Aufkochen zum Abtropfen auf ein Sieb geben. Saft auffangen und abkühlen lassen. Wenn er gerade noch lauwarm ist, ¼ Liter davon abnehmen und Hefe darin auflösen.

Aus der Hefe-Saft-Mischung und Mehl einen weichen Teig kneten. An einem warmen Ort etwa 30 Minuten gehen lassen. Alle Früchte in eine große Schüssel geben und mit Zimt, Anis, Nelken, Ingwer und Kardamom würzen. Hefeteig darüber gleiten lassen und alles vorsichtig zu einem feuchten, klebrigen Teig vermengen.

Nach Belieben ein oder zwei Brotlaibe formen und auf ein gefettetes Backblech setzen. Backofen auf 200 °C, Gas Stufe 3, vorheizen und Hutzelbrot auf der Mittelschiene 1¼ Stunden backen. Nach 40 Minuten mit Pergamentpapier ab-

decken. Nach dem Backen die noch warmen Hutzelbrote mit dem restlichen Fruchtsaft bestreichen.

Hutzeln nennt man die geschälten und getrockneten Dörrbirnen, die lange Zeit vor dem Tiefgefrieren und Einkochen nach diesem altbewährten Verfahren konserviert wurden. Zusammen mit Dörrzwetschgen wurden sie dann eingeweicht und aufgekocht. Im ländlichen Haushalt waren sie lange Zeit das einzige Obst im Winter. Im Gegensatz zum Lebkuchen, dessen Süße vom Honig kommt, wurde Hutzelbrot früher nur durch die getrockneten Früchte gesüßt.

Gewürz-Früchte-Kuchen

Zutaten für etwa 20 Stücke:

- 200 g ungeschwefelte Sultaninen
- 4 cl Rum
- 100 g kandierte Ananas
- 100 g getrocknete Feigen
- 100 g Datteln
- 100 g getrocknete Kirschen oder 1 Glas rote Cocktailkirschen
- 100 g Zitronat
- 100 g Orangeat
- 50 g kandierter Ingwer
- 100 g Haselnusskerne
- 100 g ganze geschälte Mandeln
- 2 Eier
- 100 g Rohrzucker
- 2 EL Rübensirup
- 100 g schwarzes Johannisbeergelee
- 75 g Butter
- 1 EL Lebkuchengewürz
- ½ TL gemahlener Zimt
- 250 g Weizenvollkornmehl
- 2 Messerspitzen Pottasche

Backtemperatur:
- vorheizen auf 180 °C, Gas Stufe 2

Die Sultaninen in einer großen Schüssel mit dem Rum beträufeln. Die Ananas, die Feigen und die entkernten Datteln etwas klein schneiden. Die getrockneten Kirschen mit etwas warmem Wasser beträufeln, Cocktailkirschen abgießen. Die Kirschen mit Ananas, Feigen, Datteln, Zitronat, Orangeat und dem klein gewürfelten Ingwer über die Sultaninen streuen. Die ganzen Nusskerne und Mandeln dazugeben.

Den Backofen auf 180 °C, Gas Stufe 2, vorheizen. Die Eier mit dem Rohrzucker und dem Rübensirup schaumig rühren. Das Gelee und die weiche Butter einarbeiten. Mit dem Lebkuchengewürz und dem Zimt mischen. Zum Schluss das Mehl mit der Pottasche dazugeben und alle Zutaten vermengen.

Die Früchte mit dem Teig mischen. Eine Kastenform mit eingefetteter Alufolie auskleiden oder ein Backblech mit Backpapier auslegen. Den Teig entweder in die Form drücken oder zu einem runden Laib formen. Die Teigoberfläche mit Wasser glatt streichen und den Kuchen auf der mittleren Schiene etwa 1 ½ Stunden backen.

Den abgekühlten Kuchen in Alufolie wickeln und vor dem ersten Anschnitt mindestens 3 Tage ruhen lassen.

Tipp:
Dieses Gebäck ist reich an den Vitaminen E und K und dem Mineralstoff Kalium.

Gemahlene Gewürze lassen sich leichter dosieren, aber alle Gewürze schmecken intensiver, wenn sie erst kurz vor dem Gebrauch im Mörser zerkleinert werden. Gewürze regen den Appetit und den Stoffwechsel an – und sie machen die Speisen bekömmlich.

Pomeranzenbrötchen

Zutaten für etwa 70 Stück:

- 250 g Zucker
- 4 Eier
- abgeriebene Schale von 1 unbehandelten Zitrone
- abgeriebene Schale von 1 unbehandelten Orange
- 50 g Zitronat
- 125 g kandierte Pomeranzenschalen
- 300 g Mehl
- Butter und Mehl für das Blech
- Zitronat zum Belegen
- Orangeatstreifen zum Belegen

Backtemperatur:
- vorheizen auf 180 °C, Gas Stufe 2–3

Den Zucker mit den Eiern und der Zitronen- und Orangenschale sehr schaumig rühren. Das in Stifte geschnittene Zitronat und die Pomeranzenschale untermischen. Das Mehl löffelweise dazugeben.

Aus dem gut durchgekneteten Teig ovale Plätzchen formen, auf ein gefettetes und bemehltes Backblech legen und die Brötchen mit dem Messer kreuzweise einschneiden.

In diese Einschnitte in schmale Streifen geschnittenes Zitronat und Orangeat legen. Den Backofen auf 180 °C vorheizen und die Pomeranzenbrötchen ca. 20 Minuten backen.

Dieses Gebäck kommt aus dem sonnigen Süden Italiens. Die deutsche Wortschöpfung aus den italienischen Wörtern „pomo" (Apfel) und „arancia" (bittere Apfelsine) verrät nicht, dass es sich dabei um die Bitterorange, eine im Mittelmeerraum beheimatete Frucht, handelt.

Ulmer Brot

Zutaten für etwa 15 kleine Brote:

- 1,5 kg Mehl
- 60 g Hefe
- 250 g Zucker
- ½ Liter Milch
- 125 g Butter
- 30 g gewürfeltes Zitronat
- 1 Prise Anis
- 1 Prise Fenchel
- 3 Päckchen Vanillezucker
- 1 Ei zum Bestreichen
- Butter für das Blech

Backtemperatur:
- vorheizen auf 225 °C, Gas Stufe 4

Mehl in eine große Schüssel oder auf ein Backbrett sieben und in die Mitte eine Vertiefung drücken. Hefe in die Vertiefung bröckeln, mit etwas Zucker und lauwarmer Milch zu einem Vorteig anrühren. Zugedeckt 20 Minuten gehen lassen.

Alle anderen Zutaten einarbeiten und den Hefeteig kräftig kneten. In 15 gleich große Stücke teilen und kleine Laibe daraus formen. Jeden Laib in der Mitte längs einschneiden. Brote auf gefettete Backbleche legen und nochmals 30 Minuten gehen lassen. Backofen auf 225 °C, Gas Stufe 4, vorheizen.

Die Brote mit verquirltem Ei bestreichen, die Schnittstellen dabei aussparen. Auf der mittleren Schiene des Ofens 20 Minuten backen. Damit die Brote nicht zu dunkel werden, eventuell gegen Ende der Backzeit mit Alufolie abdecken.

Das „Ulmer Brod" ist ein altes Gebildbrot aus Hefeteig. Früher sagte man ihm gesundheitsfördernde Wirkung auf Mensch und Tier nach. Der Zauber wirkte besonders gut, wenn die Brote in der Heiligen Nacht draußen lagen und vom Weihnachtstau benetzt wurden. Ulmer Brot kann am Tag nach dem Backen in dünne Scheiben geschnitten im Ofen zu Zwieback getrocknet werden.

Süße Geschenke

Adventskalender

Zutaten für den Lebkuchenteig:
- 500 g brauner Zucker
- 500 g Honig
- 325 g Butter
- 1,25 kg Mehl
- 3 EL Lebkuchengewürz
- 2 EL Kakao
- 2 Eier
- 2 TL Pottasche
- 5 EL Rum oder Weinbrand
- Mehl zum Ausrollen

Zum Verzieren:
- 500 g Puderzucker
- Saft von 1 Zitrone
- Süßigkeiten zum Verstecken
- Fruchtsirup oder Lebensmittelfarbe

Backtemperatur:
- vorheizen auf 200 °C, Gas Stufe 3

In einem großen Topf Zucker, Honig und Butter erwärmen. Dabei ständig rühren. Sobald sich der Zucker aufgelöst hat, die Masse in eine Rührschüssel füllen und abkühlen lassen. Zuerst nur etwa 1 kg vom Mehl zusammen mit dem Lebkuchengewürz, dem Kakao und den Eiern unter den Teig kneten. Das geht am besten mit den Knethaken des Handrührers. Die Pottasche mit dem Alkohol verrühren, bis sie sich aufgelöst hat. Ebenfalls unter den Teig kneten. Nun esslöffelweise noch so viel Mehl einarbeiten, bis der Teig nicht mehr klebt. Mit Folie abdecken und über Nacht im Kühlschrank ruhen lassen.

Den Backofen auf 200 °C vorheizen. Die Arbeitsfläche dünn mit Mehl bestäuben. Darauf die Hälfte des Teiges zu einem etwa 40 x 30 cm großen Rechteck ausrollen. Auf das mit Backpapier ausgelegte Blech legen. Die Teigplatte im vorgeheizten Backofen etwa 25 Minuten backen. Zwischendurch immer mal wieder nachschauen, ob der Teig Blasen wirft. Dann mit einem Messer oder einer großen Nadel einstechen, damit die Blasen zurückgehen.

Fertige Platte samt Papier vom Blech ziehen, abkühlen lassen. Den restlichen Teig etwa 1 cm dick ausrollen und Tannenbäumchen – für den 24. Dezember ein besonders großes – ausstechen. Die Bäumchen wiederum auf ein mit Backpapier belegtes Blech legen und wie die Lebkuchenplatte backen. Vom Blech lösen und abkühlen lassen.

Für die Glasur den Puderzucker mit so viel Zitronensaft glatt rühren, dass eine zähflüssige Masse entsteht. Die Bäumchen mit Lebensmittelfarbe grün anstreichen und mit anderen Farben verzieren. Etwas weißen Guss in eine kleine Plastiktüte füllen und an einer Ecke ein winziges Stück abschneiden. Die Bäumchen mit Zahlen von 1 bis 24 beschriften. Die zweite Hälfte des Teiges ebenfalls zu einer Platte ausrollen. 24 runde Löcher hineinschneiden und Süßigkeiten wie Bonbons oder Gummibärchen darin versenken. Die Bäumchen mit Zuckerguss über die Löcher kleben. Jeden Tag ein Bäumchen vorsichtig mit einem kleinen Messer ablösen und sich schmecken lassen.

Tipp:
Da der Adventskalender gut ohne Verpackung auskommt, sollten Sie ihn gegebenenfalls nur zum Transport in Folie oder ein Tuch einschlagen.

Knusperhaus

Zutaten für das Haus:
- 750 g **Honig**
- 300 g **Butter**
- 350 g **brauner Zucker**
- 1,5 kg **Weizenvollkornmehl**
- 2 TL **Weinsteinbackpulver**
- 1 EL **Honigkuchengewürz**
- 3 **Eier**

Teig für die Platte:
- 350 g **Honig**
- 50 g **Butter**
- 50 g **brauner Zucker**
- 500 g **Weizenvollkornmehl**
- 2 TL **Weinsteinbackpulver**
- 1 TL **Honigkuchengewürz**
- 1/8 Liter **Milch**
- **Mehl zum Ausrollen**

Zum Befestigen:
- 300 g **brauner Zucker**
- 1 **Eiweiß**

Zum Verzieren:
- 6 **Zimtstangen**
- **Nüsse und Kekse**
- **Trockenfrüchte**
- **Kokosraspel**

Backtemperatur:
- **vorheizen auf 200 °C, Gas Stufe 3**

Für das Haus: Honig mit Butter und Zucker in einem Topf erhitzen, bis sich der Zucker aufgelöst hat. Etwas abkühlen lassen. Mehl mit Backpulver und Gewürzmischung in einer Schüssel mischen. Eier und Honigmasse nach und nach zugeben und mit den Händen zu einem glatten Teig verkneten. Zugedeckt mindestens 2 Stunden – besser noch über Nacht – im Kühlschrank ruhen lassen.

Für die Teigplatte: Die Zutaten für die Teigplatte ebenso zubereiten wie die für das Haus, allerdings anstelle der Eier die Milch zugeben. Teig mindestens 2 Stunden oder über Nacht ruhen lassen. Den Teig für das Haus auf einer bemehlten Arbeitsfläche gut 1/2 cm dick ausrollen, mit einem Messer oder Teigrädchen sechs Rechtecke von 20 x 15 cm und zwei gleichschenklige Dreiecke von 20 x 15 x 15 cm für die Giebel ausschneiden. Den Backofen auf 200 °C vorheizen und die Teigplatten nacheinander auf einem mit Backpapier ausgelegten Blech 10–15 Minuten backen. Herausnehmen und abkühlen lassen. Den Teig für die Bodenplatte gleichmäßig auf dem Blech ausrollen und ebenfalls 10–15 Minuten bei 200 °C backen.

Zur Montage: Den Zucker im Blitzhacker pulverisieren. Eiweiß zu Schnee schlagen, den Zucker nach und nach zugeben, bis eine braune, zähe Masse entstanden ist. Den Grundriss des Hauses (20 x 15 cm) in die Oberfläche der Bodenplatte eindrücken. Die Giebelwände durch 2 rechteckige Platten mit der Zuckermasse verbinden. Die unteren Ränder mit der Zuckermasse mit der Bodenplatte verkleben. Platten miteinander von innen fest verkleben und trocknen lassen. Für das Dach zwei Pappen (je 20 x 30 cm) zuschneiden und jeweils 2 rechteckige Kuchenplatten nebeneinander mit Zuckermasse aufkleben und antrocknen lassen. Die Dachteile ebenfalls mit der Zuckermasse auf das Haus kleben und mit Zimtstangen als Säulen abstützen. Bis zum Festwerden das Dach mit Gläsern abstützen.

Für die Dekoration: Nüsse, Kerne, Mandeln und Trockenfrüchte oder andere Süßigkeiten mit Zuckermasse an das Häuschen kleben.

Süße Geschenke

Kleine Weihnachtsstollen

Zutaten für 4 kleine Stollen:

- 550 g Mehl
- 1 Würfel Hefe
- 100 g Zucker
- 1/8 Liter lauwarme Milch
- 200 g Butter
- 2 Päckchen Vanillezucker
- abgeriebene Schale von 1/2 unbehandelten Zitrone
- 1 Prise gemahlene Nelken
- 1 Prise Muskat
- 1 Prise Salz
- 50 g gehackte Mandeln
- 50 g Rosinen
- 300 g Marzipanrohmasse
- Mehl zum Formen
- 100 g Butter zum Bestreichen
- Puderzucker zum Bestäuben

Backtemperatur:
- vorheizen auf 175 °C, Gas Stufe 2

Das Mehl in eine Schüssel sieben, in die Mitte eine Vertiefung drücken. Die Hefe hineinbröckeln, etwas Zucker darüber streuen, die Milch dazugießen. Alles von der Mitte her zu einem dicken Brei verrühren, bis sich die Hefe aufgelöst hat. Den Vorteig zugedeckt etwa 20 Minuten gehen lassen.

Den übrigen Zucker zum Teig geben. Die Butter zusammen mit Vanillezucker, Zitronenschale, Nelken, Muskatblüte und Salz hinzufügen. Alles mit dem Knethaken des Handrührers auf höchster Stufe schlagen, bis der Teig Blasen wirft und sich leicht vom Schüsselrand löst. Zugedeckt nochmals 45 Minuten gehen lassen. Die Arbeitsfläche mit etwas Mehl bestäuben.

Nun Mandeln und Rosinen unter den Teig kneten. Den Teig dann vierteln und auf der Arbeitsfläche jeweils zu einem kleinen Oval flach drücken. Die Marzipanmasse ebenfalls vierteln, jeweils zu einer kleinen Rolle in der Länge der Ovale formen. In die Teigmitte legen. Eine Teighälfte über die andere schlagen und typische Stollen formen. Auf ein mit Backpapier ausgeschlagenes Blech legen, mit einem Tuch abdecken und nochmals 40 Minuten gehen lassen.

Backofen auf 175 °C vorheizen. Die Butter zerlassen und die Stollen mit etwa der Hälfte der Butter bestreichen. Das Blech in den Ofen schieben (untere bis mittlere Schiene) und die Stollen etwa 45 Minuten backen. Aus dem Ofen nehmen und mit der restlichen Butter bestreichen. Auf ein Kuchengitter setzen, dick mit Puderzucker bestäuben und vollkommen abkühlen lassen. Die Stollen in Folie oder in spezielle Stollenschläuche verpacken und mindestens 14 Tage durchziehen lassen.

Tipp:
Angebrochene Marzipanrohmasse sorgfältig verpacken, damit sie nicht hart wird. An den Rändern eingetrocknete Marzipanrohmasse in einige Lagen angefeuchtetes Küchenpapier einschlagen. Nach 1 Stunde ist die Rohmasse wieder weich.

Zum Verschenken Stollen in Folie verpacken, an den Enden zu Zipfeln zusammendrehen und mit goldenen Schleifchen zubinden. Folie mit goldenen Sternen oder anderen Weihnachtsmotiven bekleben.

Süße Geschenke

Nikolausstiefel

Zutaten:

- 1 Würfel Hefe
- 1 TL Zucker
- 150 ml lauwarme Milch
- 500 g Weizenmehl
- 75 g Butter
- 75 g Zucker
- 1 Päckchen Vanillezucker
- Salz
- 1 Ei
- Fett für das Blech
- 1 Eigelb zum Bestreichen
- 1 TL Wasser

Zum Verzieren:

- Mohn-, Sesam- und Leinsamen
- Sonnenblumenkerne
- abgezogene Mandeln
- Walnusskerne
- Puderzucker
- Zuckerstreusel
- Lakritze
- Süßigkeiten nach Belieben

Backtemperatur:

- vorheizen auf 225 °C, Gas Stufe 3

Die Hefe mit dem Zucker und der Milch sehr sorgfältig anrühren und 15 Minuten bei Zimmertemperatur stehen lassen. Mehl in eine Schüssel sieben, Butter zerlassen. Zucker, Vanillezucker, Salz, Ei, Butter und die angerührte Hefe dazugeben. Mit den Knethaken eines Handrührgerätes zunächst auf niedriger, dann auf höchster Stufe etwa 5 Minuten zu einem glatten Teig verarbeiten. An einem warmen Ort gehen lassen, bis sich die Menge verdoppelt hat.

In der Zwischenzeit einen etwa 40 cm langen Stiefel aus Pappe zurechtschneiden. Teig etwa 1 cm dick in L-Form ausrollen und die Schablone darauf legen. Stiefel aus dem Teig schneiden, auf ein gefettetes Backblech legen und mit dem mit Wasser verdünnten Eigelb bestreichen.

Aus einem Teil des Teigrestes Rollen formen, um Stulpen und Absatz zu formen. Den Stiefel damit belegen. Mit dem restlichen Eigelb bestreichen, mit Mohn, Sesam- und Leinsamen, Sonnenblumenkernen, Mandeln und Nüssen belegen. Ofen auf 200–225 °C vorheizen und den Stiefel 20–25 Minuten backen. Nach Belieben noch mit Puderzucker und anderen Süßigkeiten, die mit Zuckerguß aufgeklebt werden, verzieren.

Zum Verschenken aus festem farbigem Papier eine Tüte herstellen, mit einer Schnur verschließen, den Stiefel hineinlegen und eine Rute dazugeben.

Süße Geschenke

Tannenbaumschmuck

Zutaten für den Butterteig:
- **300 g** Mehl
- **150 g** Zucker
- **1** Päckchen Vanillepulver
- **2** Eigelb
- **1** Messerspitze Salz
- **200 g** Butter
- Mehl zum Ausrollen
- Fett für das Blech

Für die Glasur:
- **250 g** Puderzucker
- **1** Eiweiß
- einige Tropfen Wasser oder Fruchtsirup
- ein wenig Eigelb oder Lebensmittelfarbe zum Einfärben

Zum Verzieren:
- Liebesperlen
- Schokolinsen
- Schokoladenstreusel
- Krokantstreusel
- Zuckerstreusel

Backtemperatur:
- vorheizen auf 175 °C, Gas Stufe 2

■ Für den Butterteig das Mehl mit dem Zucker und dem Vanillezucker auf die Arbeitsfläche häufen. Eigelb in die Mitte setzen, das Salz hinzufügen und die klein geschnittene Butter herum verteilen. Alles mit einem großen Messer gut durchhacken. Dann mit den Händen rasch zu einem festen Teig verkneten. Den Teig in Folie wickeln und 1–2 Stunden im Kühlschrank ruhen lassen.

■ Den Backofen auf 175 °C vorheizen. Den Teig portionsweise auf der leicht bemehlten Arbeitsfläche gut 1/2 cm dick ausrollen. Beliebige weihnachtliche Motive ausstechen und auf ein gefettetes oder mit Backpapier ausgelegtes Blech legen.

■ Die Plätzchen im vorgeheizten Backofen etwa 12 Minuten goldgelb backen. Kurz auf dem Blech liegen lassen, dann mit einer Palette ablösen. Nun mit einer dicken Nadel jeweils ein Loch durchstechen, durch das man später einen Faden zum Aufhängen ziehen kann. Das Durchstechen muss geschehen, solange die Plätzchen noch warm sind, später wird der Teig zu fest, und das Gebäck bricht.

■ Für die Glasur den Puderzucker mit dem Eiweiß in eine hohe Schüssel geben. Mit den Schneebesen des Handrührgeräts auf höchster Stufe schlagen, bis eine feste cremige Glasur entstanden ist. Die Eiweißglasur nun nach Belieben mit einigen Tropfen Flüssigkeit glatt rühren und einfärben. Die Masse soll zähflüssig, sich aber gut verstreichen lassen.

■ Die Plätzchen damit bestreichen. Den Guss leicht antrocknen lassen und dann nach Belieben mit feinem Zuckerwerk verzieren. Gut trocknen lassen, erst dann einen Faden zum Aufhängen einziehen.

Zum Verschenken den Tannenbaumschmuck an einen Fichtenzweig oder an ein kleines Tannenbäumchen im Blumentopf hängen oder einfach in einer mit Weihnachtspapier ausgelegten Box bruchsicher verpacken.

Süße Geschenke

Stutenkerle

Zutaten für 8–10 Stück:

¼ Liter	Vollmilch
500 g	Mehl
30 g	Hefe
80 g	Zucker
100 g	Butter
1	Ei
1	Päckchen Vanillezucker
•	abgeriebene Schale von 1 unbehandelten Zitrone
•	Salz
2 EL	Mehl zum Ausrollen
20 g	Butter für das Blech
1	Eigelb zum Bestreichen
50 g	Rosinen oder Korinthen zum Verzieren

Backtemperatur:
- vorheizen auf 180–200 °C, Gas Stufe 2–3

Die Milch leicht erwärmen. Das Mehl in eine Schüssel sieben, in die Mitte eine Vertiefung drücken. Die zerbröckelte Hefe mit etwas lauwarmer Milch und 1 Esslöffel Zucker hineingeben und mit etwas Mehl zu einem flüssigen Vorteig verrühren. Zugedeckt an einem warmen Ort 20 Minuten gehen lassen.

Den Vorteig mit dem restlichen Mehl verrühren, nach und nach den übrigen Zucker, die Butter, das Ei, den Vanillezucker, die Zitronenschale und etwas Salz dazugeben. Alles kräftig zu einem glatten Teig durchkneten. Zu einer Kugel formen und zugedeckt nochmals etwa 30 Minuten gehen lassen, bis sich das Volumen vergrößert hat.

Die Arbeitsfläche mit Mehl bestäuben und den Teig darauf etwa bleistiftdick ausrollen. Mit einem scharfen Messer etwa 25 cm große Männchen ausschneiden. Dabei die Teigreste verkneten, erneut ausrollen und weitere Figuren daraus ausschneiden. Diese vorsichtig auf das gefettete Backblech setzen. Das Eigelb verquirlen und die Figuren damit bestreichen. Rosinen oder Korinthen als Augen, Nase, Mund und Knöpfe in den Teig drücken. In Mund und Oberkörper eine Tonpfeife drücken und einen Arm darüber schlagen.

Den Backofen auf 180–200 °C vorheizen und die Stutenkerle etwa 20 Minuten backen.

Tipp:

Ganz leicht lassen sich die Figuren aus dem Teig ausschneiden, wenn zuvor als Vorlage eine Schablone aus fester Pappe angefertigt wurde. Die Tonpfeifen erhält man im Haushaltswarenhandel.

Vom Sauerland aus traten die Stutenkerle – gebackene Mannsfiguren mit einer Tonpfeife im Arm – ihren Siegeszug durch nahezu alle Länder im nördlichen Deutschland an. Früher erhielten die Kinder dieses Gebäck am Morgen des Nikolaustages. Es wurde dann als Pausenbrot mit in die Schule genommen.

Festliche Kuchen

Weihnachtskuchen

Zutaten für eine Form von 24 cm Durchmesser:
- 180 g Mehl
- 1 Messerspitze Salz
- 120 g Butter
- Mehl zum Ausrollen

Für die Füllung:
- 3 Eier
- 30 g Butter
- 80 g Weizenmehl
- 2 Vanilleschoten
- 1 Messerspitze Salz
- 80 g Zucker
- 400 g Zuckerrübensirup
- 180 g gehackte Pecannüsse
- Pecannusshälften zum Belegen

Backtemperatur:
- vorheizen auf 220 °C, Gas Stufe 3

■ Für den Teig: Mehl, Salz, Butter in Flöckchen und 4 Esslöffel kaltes Wasser schnell zu einem glatten Teig verkneten. Zugedeckt 1 Stunde kalt stellen. Eine Pie-Form mit Backpapier auslegen. Den Teig auf wenig Mehl ausrollen und in die Form drücken. Den Teigrand dabei 5 cm über den Rand der Form hochziehen..

■ Für die Füllung: Eier, zerlassene Butter, Mehl mit ausgekratztem Vanillemark, Salz, Zucker und Sirup in einer Schüssel aufschlagen. Gehackte Pecannüsse auf dem Teigboden verteilen. Die Füllung auf den Boden streichen und gleichmäßig mit den ganzen Kernen belegen.

■ Im vorgeheizten Backofen bei 220 °C 10 Minuten backen. Dann auf 170 °C zurückschalten und den Kuchen noch 40 Minuten weiterbacken. Herausnehmen und erkalten lassen. Dieser Kuchen ist im Kühlschrank 2 Wochen haltbar.

Tipp:
Zum Verschenken den Pie auf einen großen flachen Teller legen und mit getrockneten, in Spiralen geschnittenen Orangenschalen umlegen. Wer möchte, kann den Teller dann noch in Folie einschlagen oder ihn in einer Pappschachtel verschenken.

Festliche Kuchen

Osttiroler Blattlstock

Zutaten für den Teig:
- 40 g Hefe
- 1/4 Liter lauwarme Milch
- 750 g Mehl
- 100 g Zucker
- 100 g zerlassene Butter
- 2 Eier
- 1 Prise Salz
- abgeriebene Schale von 1/4 unbehandelten Zitrone

Für die Füllung:
- 750 g gemahlener Mohn
- 200 g Zucker
- 3 EL Rum
- 1/2 TL Nelkenpulver
- 1/2 TL Zimt
- abgeriebene Schale von 1/4 unbehandelten Zitrone
- 1/2 Liter Milch
- 300 g zerlassene Butter

Backtemperatur:
- vorheizen auf 180 °C, Gas Stufe 2

Die Hefe zerbröseln und mit wenig Milch verrühren. Etwas Mehl und Zucker darüber streuen und den Vorteig an einem warmen Ort etwa 10 Minuten gehen lassen. Mit den restlichen Zutaten zu einem geschmeidigen Teig kneten und zugedeckt etwa 40 Minuten gehen lassen.

Den Teig fünfteln und jedes Stück auf einer bemehlten Arbeitsplatte zu einem runden Blatt ausrollen. Den Backofen auf 180°C, Gas Stufe 2, vorheizen. Das Blech mit Backpapier auslegen und die Teigblätter etwa 20 Minuten backen.

Die Zutaten für die Füllung vermischen und einmal aufkochen lassen. Das erste Teigblatt auf eine Platte legen, mit Füllung bestreichen und mit zerlassener Butter beträufeln. Mit den übrigen Teigblättern ebenso verfahren. Das letzte Blatt nur noch reichlich mit zerlassener Butter beträufeln. Die Butter sollte dabei unregelmäßig an den Seiten des Blattlstocks herunterlaufen.

Tipp:

Manchmal kommen auch Rosinen in die Füllung. In manchen Haushalten werden die Blattln vor dem Füllen mit einem Sirup aus Zucker, Honig, Rum und Wasser getränkt.

Der Blattlstock ist in weiten Teilen Tirols ein traditionelles Weihnachtsgebäck. Dabei richtet sich die Anzahl der Blattln nach der Zahl der Familienmitglieder. Der Blattlstock kann also ganz schön hoch werden. Zu Weihnachten werden dann daraus kleine keilförmige Stücke geschnitten, um die Verbundenheit untereinander zu symbolisieren.

Panettone

Zutaten für den Teig:

- 450 g Mehl
- 40 g Hefe
- 120 g Zucker
- 1/8 Liter lauwarme Milch
- 1 Päckchen Vanillezucker
- 1/2 Fläschchen Butter-Vanille-Aroma
- 1 Fläschchen Zitronenaroma
- 6 Eier
- Salz
- 250 g Butter
- 60 g fein gehacktes Orangeat
- 60 g fein gehacktes Zitronat
- 60 g gewürfelte kandierte Kirschen
- 60 g gehackte Mandeln
- 200 g Rosinen
- Butter für die Form

Backtemperatur:

- vorheizen auf 160 °C, Gas Stufe 1

▪ Mehl in eine Schüssel geben; in die Mitte eine Mulde drücken. Hefe hineinbröckeln, 1 Teelöffel Zucker hinzufügen. Mit etwas Milch und etwas Mehl vom Rand zu einem Vorteig verrühren. Zugedeckt an einem warmen Ort 15 Minuten gehen lassen.

▪ Den restlichen Zucker, Vanillezucker, Gewürze, die restliche Milch, Eier und Salz in die Schüssel geben. 200 g Butter in Flöckchen darauf verteilen. Von außen nach innen einen Teig kneten. Auf einer bemehlten Fläche mit den Händen noch etwas weiterkneten. Den Teig in eine Schüssel setzen und nochmals 20 Minuten gehen lassen.

▪ Orangeat und Zitronat, gewürfelte Kirschen, Mandeln und Rosinen unter den Teig kneten. Den Teig flach drücken und nochmals gehen lassen. Den Boden einer Springform (16–18 cm Durchmesser) mit Butter einfetten. Den Rand zur Verlängerung mit einem doppelt gelegten Streifen Backpapier (60 x 12 cm) auskleiden und die Enden mit Büroklammern befestigen.

▪ Den Teig einfüllen. Die Form vorsichtig auf einem Tuch aufstoßen, um Hohlräume im Teig zu beseitigen. In den vorgeheizten Backofen, untere Schiene, stellen und den Kuchen bei 160 °C, Gas Stufe 1, etwa 70 Minuten backen. Nach 30 Minuten die Oberfläche mit 50 g zerlassener Butter bestreichen. Eventuell 20 Minuten vor Ende der Backzeit mit Backpapier abdecken.

In Oberitalien und in der südlichen Schweiz ist der Panettone der Festtagskuchen schlechthin. Panettone kann man in Napfkuchenformen oder feuerfesten Formen backen. Typisch italienisch aber wird er, wenn man ihn in einer zylindrischen Pastetenform bäckt.

Die Rezepte alphabetisch

A
Aachener Printen 76
Adventskalender 90
Adventszopf 72
Anisplätzchen 18
Apfelbrot 74

B
Bärentatzen 20
Butterplätzchen 22

C
Christstollen 78

D
Dattelmakronen 24
Dresdner Stollen 80

E
Eberswalder Spritzkuchen 28
Elisenlebkuchen 26

F
Florentiner 70

G
Gewürz-Früchte-Kuchen 84

H
Haselnussmakronen 30
Heidesand 38

Himbeerplätzchen 32
Husarenkrapfen 34
Hutzelbrot 82

I
Ingwerplätzchen 36

K
Kleine Weihnachtsstollen 94
Knusperhaus 92
Kokosmakronen 38

L
Lübecker Marzipan 40

M
Mandelmakronen 42

N
Nikolausstiefel 96
Nürnberger Lebkuchen 44
Nusshütchen 46

O
Osttiroler Blattlstock 104

P
Panettone 106
Pfeffertaler 48
Pinienplätzchen 50
Pomeranzenbrötchen 86

Pomeranzenlaibchen 52

S
Schokolebkuchen 56
Schokotrüffel 58
Schwarz-Weiß-Gebäck 60
Spekulatius 54
Spitzbuben 52
Springerle 62
Stutenkerle 100

T
Tannenbaumschmuck 98
Thorner Kathrinchen 64

U
Ulmer Brot 88

V
Vanillekipferl 66

W
Weihnachtskuchen 102

Z
Zedernbrot 70
Zimtsterne 68

Impressum

Bildquellen:
alle Bilder Sigloch Edition/Bildarchiv
Rezeptbilder: Hans Joachim Döbbelin
Landschaftsbilder: Achim Sperber

© Sigloch Edition, D-74653 Künzelsau
Internet: www.sigloch.de
Bildarchiv Internet: www.sigloch-edition-bildarchiv.com
Nachdruck verboten. Alle Rechte vorbehalten. Printed in Latvia.
Produktion: Sigloch Media Service, Blaufelden
Druck: Preses Nams Corp. Jana Seta Printing Group
Papier: 150g/m² UPM Finesse 300 holzfrei matt zweiseitig doppelt gestrichen Bilderdruckpapier, UPM-Kymmene Fine Paper GmbH, Dörpen
ISBN: 3-89393-230-5